DOREEN VIRTUE

I MIRACOLI DELL'ARCANGELO MICHELE

Published and distributed in the United States by Hay House, Inc.
Titolo originale: *The miracles of Archangel Michael*
Traduzione: Caterina Baldi
Sintonizzati con Hay House su: www.hayhouseradio.com

www.mylife.it

I edizione: settembre 2018
My Life srl, Coriano (RN)
Finito di stampare nel luglio 2018 presso Lineagrafica, Città di Castello (PG)

FSC
MISTO
Carta
FSC® C113203

All'arcangelo Michele,
con eterna gratitudine

INDICE

INTRODUZIONE

Questo libro propone una visione aconfessionale dell'arcangelo Michele, la potente creatura celeste che protegge, guida e guarisce tutti gli esseri umani. Dal suo stato incorporeo Michele interagisce con il mondo fisico e a volte prende persino le sembianze di una persona in carne e ossa.

L'arcangelo Michele è la mano destra di Dio che porta la pace sulla Terra, eliminando paure e preoccupazioni con le sue risorse ingegnose e illimitate come, per esempio, la capacità di trovarsi simultaneamente insieme a persone diverse. Essendo infinito, Michele è disponibile e desideroso di aiutarci a trovare la pace.

Il termine arcangelo deriva dal greco e significa "il più grande messaggero di Dio". *Archi* sta per "primo, principale, primario" e *angelos* vuole dire "messaggero di Dio". Il nome Michele in ebraico e in babilonese significa "Colui che è come Dio", quindi arcangelo Michele equivale a "il più grande messaggero simile a Dio". In altre parole, Michele invia dal Cielo messaggi di puro amore, saggezza e forza.

Nella Bibbia, Michele è l'unico angelo a cui è riconosciuto il titolo di arcangelo: per questo è anche chiamato "capo supremo degli angeli" e in particolare offre protezione nei momenti di difficoltà.

Innumerevoli leggende, che appartengono a molteplici tradizioni – cristiana, giudaica, islamica e celtica – narrano della sua celebre forza e saggezza; tuttavia, l'arcangelo non resta confinato tra le pagine dei testi sacri: Michele è tra noi. Ci sono infatti buone probabilità che ti abbia già aiutato, specie se l'hai invocato, e potrebbe anche averti guidato fino a questo libro.

Prima di andare avanti voglio chiarire un paio di cose:

- **Michele non desidera essere venerato.** Intercede tra la Fonte Divina e il creato (ovvero, noi) e non chiede le nostre preghiere. Possiamo dunque invocarlo senza troppe cerimonie, il che è una piccola ma sostanziale differenza.
- **Michele è infinito.** Può trovarsi simultaneamente con persone diverse e vivere esperienze uniche e individuali, sostenendoti con qualsiasi intervento in grado di portare la pace nel tuo cuore e nel mondo.

Anche se è associato ad alcune religioni, Michele aiuta tutti. Ama tutti in modo incondizionato, proprio come la Fonte Divina. Nonostante la sua potenza, decide però di intervenire nella tua vita solo se hai chiaramente espresso questo desiderio. Dato che non può violare il libero arbitrio degli esseri umani, è necessario che tu gli chieda aiuto prima che possa offrirtelo lui stesso.

Scrivendo questo libro ho preso l'abitudine di cercarlo. Ammiro i protagonisti delle storie riportate qui, perché ognuno di loro ha avuto la prontezza di invocarlo nei momenti di difficoltà. In situazioni complesse è facile dire: "Accidenti!" (se non qualcosa di peggio), ma sarebbe molto più produttivo esclamare solo: "Arcangelo Michele!".

Il Cielo e gli angeli, compreso Michele, rispondono a ogni richiesta di soccorso, ciò significa che puoi chiamarli ad alta voce, in silenzio, scrivendo o cantando una canzone. Puoi richiedere assistenza con una preghiera, con un'affermazione positiva o dicendo solo: "Michele, aiutami tu!". Ricorda che non è importante il modo in cui lo contatti, ma è il fatto stesso di metterti in comunicazione con lui a fare la differenza.

Dunque, perché invocare Michele quando possiamo chiedere l'aiuto della Fonte Divina? Di certo la scelta migliore è seguire il proprio cuore: se preferisci rivolgerti direttamente alla Sorgente, allora quella è la strada che devi percorrere. Ho imparato che, quando chiediamo l'aiuto divino, i messaggeri che giungono a noi sono proprio gli angeli. In altre parole, se ci rivolgiamo alla Fonte o agli angeli, il risultato non cambia.

Dato che il compito principale di Michele è proteggere (è anche il patrono dei poliziotti e dei militari), ti salvaguarda dalle energie basse. Se l'integrità o lo spirito di alcune persone non ti convincono, invocalo e chiedigli di assicurarsi ti stiano vicino solo gli esseri di amore e luce. Assistito da una legione di angeli conosciuta come "Legione della Grazia", Michele coopera con Gesù, i santi, gli arcangeli e altre figure spirituali.

Molte persone che hanno contribuito a questo libro con le loro storie hanno visto, percepito o udito l'arcangelo Michele. Noterai che non hanno dovuto fare nulla per ricevere un'apparizione, eccetto chiedergli aiuto, senza preoccuparsi troppo del come. Quando lo invochi, Michele dice sempre di sì e puoi contare sul fatto che interverrà per assisterti in un momento preciso *e* sorprendente.

Nei quattro capitoli che seguono indagheremo come questa creatura celeste si connetta con noi attraverso i nostri sensi. Il tuo incontro con l'arcangelo Michele, anche se unico, sarà molto simile a quelli raccontati nelle storie di questo libro perché Michele agisce in armonia con il sistema più complesso, preciso e incredibile dell'Universo: la divina e infinita saggezza celeste. Per questo motivo, ogni suo intervento è a misura della persona e della circostanza che lo richiedono.

CAPITOLO 1

LE APPARIZIONI DI MICHELE

Le innumerevoli raffigurazioni dell'arcangelo Michele lo ritraggono come un dio alato dal corpo muscoloso e i tratti nordici, in piedi su una rupe, mentre regge una spada e uno scudo. I racconti di chi afferma di averlo visto non si discostano molto da questa rappresentazione. Di solito l'arcangelo Michele è descritto come un uomo molto alto, con occhi luminosi o penetranti. In realtà, non è biondo né abbronzato come lo ritraggono i dipinti, dal momento che non ha né capelli né pelle, ma la luce dorata che emana gli conferisce un aspetto ambrato. Michele appare sempre quando lo invochiamo, ma è più facile avvertirne la presenza che vederlo con gli occhi fisici. Se dovesse mostrarsi, le storie di questo capitolo possono darti un'idea delle sue sembianze.

I bambini vedono gli angeli

I bambini e i ragazzi sono perfettamente consci della presenza degli angeli. Basta osservare come i piccoli spostano lo sguardo alle spalle dei genitori, attirati dalle splendide luci che danzano vicino alle loro madri (anche le mamme sono angeli custodi). Ogni volta che sembrano sorridere senza motivo, credo che a renderli così felici sia la vista delle creature celesti che li hanno accompagnati nel lungo tragitto dal Cielo.

I cosiddetti amici immaginari sono angeli veri e propri che i bambini vedono e sentono. I genitori che ascoltano con rispetto e attenzione i racconti dei loro piccoli li aiutano a fidarsi delle proprie intuizioni. Con la mente e il cuore aperti a nuove esperienze, i bambini entrano facilmente in contatto con gli angeli. Uno studio dell'Università dell'Ohio ha scoperto che rispetto agli adulti, i piccoli registrano il numero più alto di esperienze psichiche comprovate. Ecco perché considero i bambini grandi maestri spirituali. Come le giovanissime Giovanna D'Arco e Bernadette di Lourdes ci hanno insegnato ad ascoltare la voce della Fonte Divina, nonostante le critiche e le persucuzioni, anche noi possiamo imparare molto dalle intuizioni dei bambini.

In particolare ho trovato interessante come alcune piccine, tra cui Meryn, la figlia di Sandra Slaght, abbiano descritto Michele nei suoi tratti distintivi senza aver mai visto raffigurazioni dell'arcangelo né aver mai sentito parlare di lui. Sandra racconta:

> Stavo affrontando il divorzio e un amico mi passò una copia del libro di Doreen, *Guarire con gli Angeli*. Avevamo appena lasciato la nostra casa per trasferirci in una nuova abitazione. Mia figlia Meryn di

tre anni, impaurita all'idea di dormire nella nuova cameretta, s'infilò nel mio letto. Avevo appena finito di leggere la parte sull'arcangelo Michele, così le spiegai che ogni volta che avesse avuto paura avrebbe potuto invocarne la protezione.

A quel punto Meryn esclamò: "È vero!", come a chiedersi perché non ci avesse pensato prima. E subito continuò: "Sì, mamma, è quel signore con la spada grande."

Prima di leggere il libro di Doreen, non sapevo che Michele avesse una spada. Nemmeno Meryn poteva esserne a conoscenza, a meno che non lo avesse visto lei stessa.

I racconti dei più piccoli su Michele confermano che noi adulti non riusciamo a vedere l'arcangelo a causa delle aspettative che abbiamo.

I genitori mi chiedono spesso come aiutare i propri figli a superare la paura del buio o l'insonnia dovuta a visioni notturne spaventose. Non sono fantasie di mostri in agguato negli armadi o di coccodrilli nascosti sotto il letto: a volte la sensibilità dei più piccoli può attirare spiriti rimasti sulla Terra che vagano fra i vivi dopo la morte. Benché queste entità non costituiscano un pericolo, la loro presenza può turbare le persone sensibili.

Per tenerle lontane, credo sia fondamentale parlare ai propri figli dell'arcangelo Michele. I bambini si sentono confortati sapendo di potergli chiedere protezione fisica e spirituale, come Celeste Amour imparò dalla madre:

Quando mia figlia di tre anni, Celeste, raccontò a me e a mio marito che riceveva visite da persone e amici speciali, capimmo subito che si trattava di spiriti. L'avevo sempre incoraggiata a chiedere aiuto agli angeli, parlando a lungo con lei di come ci proteggono.

Ultimamente Celeste aveva problemi con lo spirito di un uomo che le appariva di continuo. Di notte era terrorizzata, si rifiutava di andare a dormire e si lamentava che "l'uomo con un buco nel collo" continuava a farle visita.

Celeste aveva solo tre anni ed era chiaro che fosse impaurita: in più non riusciva a spiegarsi quelle visite. La invitai a invocare gli angeli e a recitare le preghiere, e per un po' funzionò. Ma non ci volle troppo prima che l'uomo ritornasse, portando Celeste all'esasperazione.

A quel punto mi rivolsi a una guida spirituale per ricevere supporto.

Mi consigliò di invocare l'arcangelo Michele: l'uomo che faceva visita a Celeste non aveva avuto una morte felice e la stava cercando per chiederle aiuto.

Una notte mia figlia era in preda al terrore e non voleva andare a dormire perché temeva che lo spirito dell'uomo sarebbe riapparso. Le spiegai che, se fosse tornato, lei avrebbe dovuto chiedere a Michele di aiutarla e dire al visitatore di andare verso la luce.

Al mattino Celeste mi abbracciò e subito mi disse: "L'uomo con il buco nel collo è andato via. L'angelo Michele è volato nella mia stanza, si è steso accanto a me, mi sono accucciata nella sua ala e mi ha detto: 'Non piangere, Celeste', poi mi sono addormentata."

È stata la cosa più bella che abbia mai sentito, ero sopraffatta dalla gioia per lei. L'arcangelo Michele diventò presto il nuovo amico di mia figlia e l'uomo con il buco sul collo da allora non si è visto più.

Anche se è positivo e utile che i genitori raccontino ai propri figli degli angeli (in particolare insegnando loro a chiedere supporto nei momenti più difficili), a volte non è necessario. Molto spesso i piccoli vengono a conoscenza di Michele perché proprio lui o altre creature celesti fanno loro visita, come è accaduto a Maria, la figlia di Taylor:

> Mia figlia Rachael aveva sette anni quando, mentre guardavamo insieme l'immagine di un angelo, mi chiese chi fosse. Le dissi: "Non ne sono sicura, ma credo sia l'arcangelo Uriel."
>
> "Be' l'arcangelo Michele non è!" ribatté Rachael con convinzione.
>
> "Ah no?" esclamai. "E tu come lo sai?".
>
> Era meravigliata che non lo sapessi e con tono pratico mi disse: "Perché non gli somiglia!".
>
> Incuriosita replicai: "Va bene, tesoro, ma come fai a sapere che aspetto ha?". Cercai di non sembrare troppo diffidente e scelsi le parole con cura per non influenzarla.

Le mie preoccupazioni però si dimostrarono vane, visto che Rachael mi rispose con candore: "Perché l'ho visto."

"Quando, tesoro?".

A quel punto mi spiegò: "Una notte avevo tanta paura, ma volevo essere coraggiosa. Poi ho visto un uomo circondato da una luce bianca che brillava."

"Ti sei spaventata?" domandai.

"No" mi rispose, "mi ha detto di non aver paura."

Mi chinai verso di lei. "Come facevi a sapere che era Michele?".

Mi guardò dritto negli occhi e replicò: "Perché me l'ha detto quando gliel'ho chiesto. Mi ha messo a letto e mi ha detto: 'Non avere paura. Io sono Michele'."

Rachael dorme tranquilla perché sa che l'arcangelo Michele veglia su di lei.

Puoi parlare apertamente con i tuoi figli riguardo a come invocare la protezione di Michele. Potete rivolgervi all'arcangelo in accordo con le vostre tradizioni spirituali: per esempio, chiedendo alla Fonte di inviarvi Michele, Gesù o tutti e due insieme. L'arcangelo non appartiene a nessuna confessione, quindi sarà lieto di aiutare chiunque.

A seguire propongo alcuni suggerimenti divisi per età, per cominciare a parlare ai tuoi figli degli angeli:

- **Scuola materna**: leggi un libro per bambini sugli angeli. Indicando le figure, poni domande ai tuoi figli e lasciali parlare in maniera spontanea. Rispondi con sincerità.

- **Scuola elementare**: mentre disegnate angeli e persone, parlate di cosa provate nei confronti di questi messaggeri celesti e raccontate se avete avuto qualche esperienza con loro (cerca di essere incoraggiante ed evita di dire cose che possano turbare i più piccoli).
- **Scuola media**: guardate un film o un programma televisivo che parli di angeli e descrivete le emozioni, le sensazioni e i pensieri che suscitano in voi. Lascia che i tuoi figli esprimano liberamente le loro opinioni.
- **Scuola superiore:** ascoltate insieme le canzoni sugli angeli, ce ne sono diverse anche nella musica rock e pop.

I punti importanti da tenere a mente sono:

- In quanto genitore, ricordati di accogliere le sensazioni e i pensieri di tuo figlio con apertura mentale. Quando si sentono ascoltati, i bambini e i ragazzi seguono gli insegnamenti e i consigli con più facilità.
- Parla a tuo figlio dell'arcangelo Michele e della sua disponibilità ad aiutare chiunque lo invochi.
- Esistono diversi modi ugualmente efficaci per invocare Michele. Tuo figlio può pronunciare o pensare il nome dell'arcangelo, osservare una sua immagine, desiderare una sua visita, colorare un disegno o scriverne il nome su un pezzo di carta da mettere sotto il cuscino. Michele è l'angelo più potente ed è infinito, perciò confida nella sua risposta a ogni richiesta di

tuo figlio. Farà in modo che il tuo piccolo abbia accanto solo gli esseri d'amore più puri.

- Quando tuo figlio o tua figlia invocano Michele, in genere la paura sparisce subito per l'effetto rassicurante della sua presenza.
- Chiedi a tuo figlio di raccontarti le sue esperienze con Michele e di rivolgerti qualsiasi domanda desideri.

Riconosci i segni di Michele

Più che vedere l'angelo, molte persone ricevono prove della sua presenza. È un comunicatore molto efficace ed è facile avvertirne la guida a livello mentale o intuitivo. In ogni caso, per accertarsi che tu recepisca il suo messaggio, Michele lascia anche tracce fisiche, come piume, per provarti che la sua guida è reale.

Puoi anche dirgli: "Per favore, mostrami un segno fisico che io possa cogliere e capire con facilità" o parole simili. Non specificare il tipo di segnale che vuoi, lascia all'angelo la scelta. Una volta espressa la tua richiesta, qualcosa apparirà: sarà solo questione di farci caso. Come ha scoperto Susan, molti segni di Michele sono lampanti:

> La sera prima della sua partenza per un soggiorno di quindici giorni in Australia, mio figlio Sean e io ci recammo insieme al parco. Sean sarebbe partito con un'agenzia turistica che organizzava viaggi per bambini dai dieci ai tredici anni. All'inizio temevo che fosse troppo piccolo per parteci-

pare a quella vacanza così lontana da casa, ma il suo entusiasmo per le meravigliose esperienze che avrebbe vissuto stemperò la mia apprensione e mi sentii avvolta da una forte pace interiore. Sapevo che avrei lasciato che le cose facessero il loro corso e avrei smesso di preoccuparmi. E come previsto, ogni ostacolo fu superato con la stessa facilità con cui il viaggio era stato pianificato e pagato.

Ero al parco ad assaporare gli ultimi momenti in compagnia di mio figlio, stampandomi nella mente la sua immagine mentre giocava vicino a un ruscello quando, asciugandomi una lacrima, chiesi al Cielo un segno chiaro che Sean sarebbe tornato a casa sano e salvo.

Ricevetti la riposta piuttosto in fretta, esattamente appena mi voltai per tornare all'auto. Lì, in mezzo alla strada, proprio dietro di me, giaceva un santino con l'immagine dell'arcangelo Michele. Prima, all'andata, non c'era e nessuno era passato di lì nel frattempo. Dopo quell'episodio, entrambi sentivamo di non doverci più preoccupare.

Molto spesso Michele ci lascia un segno soltanto per farci sapere che non siamo soli e senza guida. Storie come quella di Liv Lane mi fanno pensare all'arcangelo Michele come a un artista che firmi la propria opera:

Per diverse settimane, mio figlio minore aveva avuto problemi a dormire a causa di fastidiose presenze

che sentiva in camera sua. Provammo di tutto per placare le sue paure, ma non riusciva in alcun modo a prender sonno. Mi disperavo per trovare una soluzione (e per permettere a noi *tutti* di riposare un po'), ma non sapevamo a chi rivolgerci.
Finché un pomeriggio, mentre facevo alcune commissioni, mi venne in mente l'arcangelo Michele. Gli chiesi allora una guida e un aiuto per risolvere il problema di mio figlio. Mi fermai in un parcheggio per raccogliere i pensieri e all'improvviso notai un piccolo arcobaleno luminoso. A quel punto scoppiai a ridere, realizzando che l'arcobaleno si trovava proprio sopra l'insegna della catena di negozi Michaels. Lo interpretai come un chiaro segno da parte dell'arcangelo che aveva ricevuto il mio messaggio e che era felice di aiutarmi.

Ci sono poi segni che si materializzano in risposta a domande che hai posto. Quando provi sentimenti di angoscia o di conflitto, trova un momento per chiedere al Cielo e agli angeli di guidarti. Ti risponderanno subito accompagnando il messaggio con un segno concreto, come è successo a una donna di nome Oceanna:

Michele è senza dubbio l'angelo che preferisco invocare, non solo per la personalità forte e amorevole, ma anche per lo straordinario senso dell'umorismo.
Uno degli episodi che più amo raccontare risale

al periodo in cui mi sentivo davvero oppressa e vulnerabile.
Ero in auto quando mi ritrovai a implorare il Cielo e gli angeli con il cuore in mano:
"Oh angeli!" sospiravo, mentre una lacrima mi rigava la guancia. "Cosa devo fare?".
Non appena finii di pronunciare queste parole, qualcosa sulla sinistra catturò la mia attenzione. Era una grossa insegna luminosa che a lettere intermittenti diceva: INVOCA MICHELE! Presa dai miei drammi, mi ero dimenticata di chiedere il suo aiuto.
Cominciai a ridere e il mio cuore si gonfiò d'amore per questa immensa creatura di luce meravigliosa. Sapevo che l'arcangelo Michele era con me, e ricevetti la guarigione perfetta per il mio cuore spezzato. In quel momento mi sentii al sicuro e amata, così dissi subito una preghiera di ringraziamento all'arcangelo, perché aveva risposto alla mia richiesta di aiuto.
Nell'arco di un giorno o due, ogni cosa si risolse, trovai il coraggio di essere sincera e di andare avanti con la mia vita. So che Michele è sempre al mio fianco, con le sue portentose ali ad avvolgermi, la nostra comunicazione è in costante evoluzione e ogni giorno imparo nuove cose grazie a lui. Mai più dimenticherò di chiedergli aiuto o consiglio... ma se un giorno dovesse ricapitare, so che sarà lui a ricordarmelo.

I segni degli angeli rivelano il loro straordinario e amorevole senso dell'umorismo. Il messaggio per Oceanna le ricordò che il divino e gli angeli non possono intervenire senza una precisa richiesta da parte nostra. Adoro questa storia perché il messaggio è così chiaro.

I segni angelici non si materializzano sempre attraverso le parole, come è capitato a Oceanna.

A volte si manifestano in modo sottile, come successe a Susie Sparks, quando chiese un segno a Michele:

> Poco tempo fa mi stavo preparando per un giro in bicicletta. Avevo deciso che l'avrei fatto ogni mattina, pensando che mi avrebbe aiutata a ritrovare lo spirito necessario nella mia professione di infermiera. Quel giorno ero particolarmente giù di morale. Pedalavo sotto una pioggia fitta, lamentandomi tra me e me del mio lavoro e chiedendomi se gli angeli avessero ascoltato le mie preghiere. Dissi ad alta voce: "Arcangelo Michele, ti prego, dammi un segno che sei con me."
> Girai l'angolo e vidi un bellissimo arcobaleno, enorme, splendente. Con umiltà chinai il capo e fermai la bicicletta per ringraziare. Ad alcuni potrebbe non sembrare troppo significativo, ma era proprio ciò di cui avevo bisogno.

Come ha detto Susie, per molte persone l'arcobaleno potrebbe non essere un segno palese, ma lei ne colse tutta l'importanza. Per questo è fondamentale notare le nostre reazioni interne, perché spesso sono gli indizi interiori a confermare che hai ricevuto un messaggio del tuo angelo. Ricorda inoltre che tra i segni che Michele invia, molti sono naturali... un arcobaleno, nuvole a forma di angelo, persino stelle cadenti, come è successo a Laura Cohen:

> Mio figlio Jeremy e io stavamo camminando lungo una strada nei pressi di una scuola superiore, in una notte d'estate buia. Jeremy, che ha tredici anni, mi disse: "Mamma, ho paura. Sento delle vibrazioni negative."
> A essere sincera la pensavo come lui, ma non volevo spaventarlo ulteriormente. Per alleggerire la tensione gli dissi: "Perché non chiediamo all'arcangelo Michele di proteggerci da ogni male e di guidarci?". Così lo invocammo insieme.
> Jeremy, che era in bici, mi superò e io rimasi indietro. In quel momento vidi la più grande e spettacolare stella cadente disegnare nel cielo scuro un arco sopra la testa di mio figlio. Era una notte senza luna, quindi la scia fu incredibilmente luminosa.
> Capii all'istante che l'arcangelo Michele aveva risposto alle nostre preghiere. Eravamo al sicuro e proseguii la passeggiata con un senso di pace totale e la consapevolezza di essere scortata dal più grande condottiero dei Cieli. Molte volte in passato, rivolgendomi a questo angelo prodigioso, avevo visto una stella cadente come conferma celeste che le mie preghiere erano state accolte.

Dal momento che Michele è un arcangelo protettore, i segni che invia hanno lo scopo di confortare e rassicurare. È un modo per dirti che ti è vicino, che ascolta le tue preghiere e domande. Se non ti accorgi dei segnali o li sottovaluti, lui insisterà finché non lo farai. Puoi anche dire a Michele che non vedi o che non capisci i suoi segnali, l'arcangelo apprezza la sincerità ed è felice di aiutarti a riconoscere i segnali.

A volte, per accertarsi che i messaggi giungano a destinazione, Michele ne trasmette più di uno. Da vero artista li firma, come ha fatto con una donna di nome Sarah durante un lungo viaggio:

> Mio fratello, mia madre e io eravamo diretti dal Texas alla California, a bordo di una Jeep presa a noleggio provvista di rimorchio. Non ne avevamo mai guidata una prima di allora e non ci rendevamo conto di che cosa comportasse, finché non fummo in strada. All'inizio mi misi io al volante, ma il rimorchio sembrava molto instabile e dondolava avanti e indietro. Per paura di perdere il controllo del mezzo, chiesi a mio fratello di sostituirmi alla guida. Al contrario di me, sembrava essere pratico e con una buona padronanza. Mentre lui guidava, mi sedetti sul sedile posteriore a leggere libri sugli angeli. Invocai l'arcangelo Michele e gli chiesi di proteggere il nostro viaggio. Ancora non sapevo quanto ne avremmo avuto bisogno.
>
> A circa un'ora da Phoenix percorrevamo l'autostrada al limite di 120 chilometri orari quando il rimorchio

cominciò a slittare e mio fratello perse il controllo del veicolo. Finimmo sull'aiuola spartitraffico: per qualche strana ragione, l'auto ne uscì senza un graffio. Quando rientrammo in corsia, alzai lo sguardo e vidi le cifre "444" su un'insegna elettronica. Sapevo che significava "gli angeli sono con te". Poi ci superò un camioncino con i numeri "444" sulla targa e le parole "Michael Most" [Michele l'Altissimo] dipinte sulla fiancata. In quel momento, capii che l'arcangelo Michele ci stava guidando e proteggendo. Vidi lo stesso camioncino altre due volte durante il tragitto, una in particolare poco prima di giungere a destinazione.
Dopo essere rientrati a casa, mio fratello fece qualche ricerca sui rimorchi. Non si spiegava come fossimo riusciti a essere tornati a casa sani e salvi, dal momento che avevamo violato le norme di sicurezza. Questo confermava le mie supposizioni, ossia che l'arcangelo Michele ci avesse guidati fino a casa.

Succede spesso che le persone mi dicano che ricorrono alle mie carte dell'arcangelo Michele per ricevere un segno da lui. Elisabeth Roosendaal mi ha spiegato come ha ricevuto la sua carta prima di comprenderne l'impatto e il significato:

Era da tempo che l'arcangelo Michele mi faceva sentire la sua presenza. Una volta per esempio estrassi la carta "La tua casa è protetta dagli angeli".
In quel momento non riuscii a cogliere il collega-

> mento con la domanda che avevo posto, ma apprezzai comunque il bel messaggio. Il pomeriggio seguente, mio fratello e io andammo in città con un amico. Quando rientrammo, diverse ore dopo, trovammo il portone spalancato in modo sospetto e la casa al buio. Mio fratello e il suo amico entrarono per capire cosa fosse successo, ma il mio primo pensiero andò alla lettura della carta. Sapevo con certezza che eravamo al sicuro e che ogni cosa all'interno della casa sarebbe stata esattamente come l'avevamo lasciata. E così è stato.

Come gli autori di queste storie, anche tu puoi ricevere segni celesti da Michele e dagli altri angeli: basta porre una domanda o chiedere un segno, che potrebbe giungerti in maniera tangibile, oppure potresti vedere l'aura luminosa dell'arcangelo Michele, di cui parleremo tra poco.

Le luci blu e viola di Michele

Tutti brillano, che siano umani, animali o angeli. La luce irradia dall'amore della Fonte creatrice e dalla forza vitale delle anime.

Gli angeli custodi emettono una bellissima luce bianca purissima, che alcune persone riescono a vedere. Le "luci angeliche" appaiono come luccichii scintillanti o lampi (simili al flash della macchina fotografica). Nelle fotografie digitali e Kirlian – realizzate con macchinari specifici per immortalare l'aura –, esse appaiono sotto forma di aloni bianchi, soprattutto negli scatti notturni.

Gli arcangeli, che sono più grandi e potenti degli angeli custodi, hanno luci colorate, ciascuna con un significato specifico. L'aura dell'arcangelo Michele è di un viola intenso, così luminoso da sfumare nel blu cobalto. Irradia anche una luce dorata che gli dà un aspetto ambrato e chiaro.

La luce è connessa a Cristo: chi vede Gesù nelle proprie preghiere, meditazioni, sogni ed esperienze di premorte menziona sempre una luce dorata attorno al suo capo. Se osservi qualsiasi rappresentazione tradizionale di Gesù, noterai che anche gli artisti devono averne intuito il bagliore dorato, come se avesse sempre un'aureola.

Dal momento che Michele ha un legame stretto con Cristo (sebbene non appartenga ad alcun credo), anche lui è circondato da una luce molto simile. Intorno al primo strato di luce, poi, ce n'è un secondo ad ampio raggio, e chi entra in connessione con Michele spesso riporta visioni di scintillii o lampi di luci blu o viola.

Chi vede le "luci angeliche" si sente sollevato nello scoprire che la visione è reale: molti mi hanno riferito di essersi rivolti a uno specialista, che però non è stato in grado di trovare alcuna causa organica che spiegasse il fenomeno.

Le scintillanti luci blu o viola indicano che Michele è vicino, come racconta una donna di nome Pushtie:

> Lavoro come attrice, in India. Un giorno, mentre stavo uscendo di casa molto presto per delle riprese, chiesi all'arcangelo Michele di proteggere la mia abitazione. Lo faccio ogni mattina, oltre a

domandargli: "C'è qualcosa che devo fare prima di uscire?".

Molte volte Michele mi risponde attraverso le mie intuizioni o ricordandomi di prendere qualcosa che ho dimenticato. Ma quel giorno udii l'arcangelo dirmi con chiarezza che non avevo spento lo scaldabagno. Non gli credetti, perché sono sempre molto attenta a farlo, dopo la doccia. Stavo per uscire di casa per andare a lavorare, quando una luce viola cominciò a splendere nell'ingresso, bloccandomi la strada. Notai anche che l'area illuminata emanava un certo calore.

Un brivido mi corse lungo la schiena all'idea che lo scaldabagno potesse esplodere e la casa andare a fuoco. Decisi così di controllare e, sbalordita, constatai che, in effetti, l'avevo lasciato acceso. Quando spensi tutto, con la mano sfiorai accidentalmente l'apparecchio: era bollente. Probabilmente lo scaldabagno sarebbe esploso nel giro di qualche minuto.

Grazie all'arcangelo Michele la mia casa è salva.

Mi sono accorta che le persone che collaborano con Michele sono molto attratte dal blu acceso e dal viola. Se succede anche a te, significa che stai collaborando con lui.

Molti affermano di aver visto luci blu nel bel mezzo di una crisi, come segno della presenza soccorritrice di Michele. Di certo questo è stato il caso di Shirley Mischael-Morales:

Stavo viaggiando con i miei due bambini sul ponte di un'autostrada a otto corsie, quando, di colpo, un incidente arrestò il traffico in due di queste. In ritardo per un appuntamento e frustrata perché non riuscivo a spostarmi nella carreggiata a fianco, mi fermai giusto in tempo per notare nello specchietto retrovisore un grosso veicolo che arrivava a gran velocità.

Il guidatore frenò all'improvviso, perse il controllo della vettura e colpì lo spartitraffico in un testacoda. In una frazione di secondo, un lampo di luce blu attirò la mia attenzione e in cielo vidi l'arcangelo Michele, come fosse una stella scintillante.

Fui subito spronata ad agire: man mano che la mia lucidità cresceva, il mondo fisico sembrava muoversi a rallentatore. Schiacciai il piede sull'acceleratore e mi gettai nella corsia di sinistra, appena in tempo per lasciare abbastanza spazio all'auto fuori controllo, la quale colpì di striscio la mia macchina e altre due, evitando però una collisione mortale.

Anche se la mia vita era stata messa in grave pericolo, la guida dell'arcangelo Michele mi ha aiutato a mantenere la calma, infondendomi lucidità e precisione nell'azione.

La donna che aveva perso il controllo dell'auto corse verso di me. Quando vide che nella mia macchina c'erano due bambini, abbracciandomi esclamò: "Grazie al Cielo sono vivi! Grazie a Dio stiamo tutti bene!".

> Si avvicinò poi un uomo che spiegò, ansioso, che mentre stava percorrendo a velocità sostenuta la corsia in cui mi ero immessa qualcosa gli aveva detto di spostarsi immediatamente sebbene non ci fosse una ragione logica per pensare che in una frazione di secondo una macchina si sarebbe messa davanti alla sua. Si era sentito guidato come per miracolo, e infatti non ci sarebbe stato il tempo di evitare l'incidente, se non con un intervento celeste.
> Quell'esperienza mi ha dato la conferma che l'arcangelo Michele è pronto ad aiutarmi e che sono in grado di accogliere le indicazioni per proteggere i miei figli.

Non solo Shirley vide l'arcangelo e la sua luce, ma si lasciò anche guidare dai pensieri che silenziosamente l'assistettero alla guida. La calma con cui affrontò quella circostanza così pericolosa è una prova lampante dell'intervento divino.

Allo stesso modo, Ursula Lovelock colse nella luce blu la prova dell'intervento salvifico di Michele. Leggendo la sua storia, ti sembrerà quasi di vedere l'arcangelo che arriva e si allontana a una tale velocità da riuscire appena a coglierne la scia luminosa:

> Da quando ho scoperto gli angeli, ho l'abitudine di ricorrere all'arcangelo Michele per chiedere protezione per me stessa e per la mia famiglia. Tempo fa mio figlio Tristan e io eravamo appena rientrati a casa dopo aver fatto compere. Parcheg-

giata l'auto in garage, aiutai Tristan, che all'epoca aveva due anni e mezzo, a scendere dal sedile. Uscendo, mi allungai per abbassare con forza la pesante saracinesca basculante del garage. Credevo che Tristan fosse dietro di me, ma proprio mentre la porta stava prendendo velocità nel chiudersi, sentii l'urgenza di bloccarla.
Cercando Tristan, vidi che era proprio lì sotto, con la saracinesca a un centimetro dai suoi riccioli biondi. Tra la porta e la sua testa vidi quattro o cinque luci blu scintillanti e danzanti, che fluttuarono per qualche istante prima di sparire, segno inequivocabile della presenza di Michele. Se la saracinesca fosse caduta addosso a Tristan, gli avrebbe spaccato il cranio. Grazie, arcangelo Michele!

Michele non violerà mai il nostro libero arbitrio senza il nostro permesso. Ma una volta invocato, dobbiamo solo farci da parte e lui arriverà per sistemare la situazione.

L'esperienza del guasto alla macchina di Tracy Hannratty è un esempio perfetto. Michele non poteva proteggere gli effetti personali di Tracy, perché lei non glielo aveva chiesto. Ma non appena ne invocò la protezione, lui arrivò subito, come provarono le spie blu dell'auto:

Un pomeriggio, dopo il lavoro, parcheggiai velocemente l'auto dietro casa e corsi dentro perché mi sentivo poco bene. Nella fretta lasciai incustoditi alcuni oggetti personali nell'abitacolo. Quando

> tornai a riprenderli, notai che tre finestrini erano stati spaccati e le mie cose erano state rubate. Ero scioccata e incredula per l'accaduto. Quella sera mi sentivo vulnerabile e temevo che la persona che aveva rotto i finestrini potesse essere ancora nei paraggi. Sapevo che non sarei riuscita a dormire.
> Poi mi ricordai che Doreen suggerisce di chiedere all'arcangelo Michele di vegliare sulla propria casa, posizionando un angelo a nord, uno a sud, uno a est e uno a ovest. Lo feci e, restando sveglia, quella notte in camera vidi lampi e fasci di luce di un blu intenso. Non ero spaventata ma consapevole che stavo ricevendo protezione e mi sentivo in pace.
> Dopo quell'episodio, ogni notte chiedo agli angeli di proteggere la mia casa e anche la mia auto.

Dopo quest'esperienza, Tracy imparò a chiedere agli angeli di vegliare su di lei e sui suoi beni, un'abitudine saggia e benefica.

L'unica eccezione alla clausola sul libero arbitrio avviene quando qualcuno sta per morire prima del tempo stabilito. Se si tratta di salvare una vita, la Fonte e gli angeli possono intervenire senza il permesso dell'interessato. A volte se ne occupano di persona, altre volte ci guidano attraverso la saggezza divina, come mi capitò quando rischiai la vita per un furto d'auto a mano armata. Se non avessi prestato ascolto a quella guida, oggi non sarei qui.

Perché alcune vite vengono salvate per miracolo e altre no, resta un mistero che non ci è dato di comprendere finché non ascenderemo oltre la dimensione terrena. È dimostrato però che molte persone abbiano fatto esperienza di interventi miracolosi, prova che qualcuno veglia su di noi e ci protegge.

Nella prossima testimonianza, Sheila non ha chiesto esattamente aiuto all'arcangelo ma, dal momento che la sua vita era in pericolo, Michele è intervenuto per salvarla. Sheila sa che è stato lui a metterla al sicuro, perché ha visto le sue inconfondibili luci blu:

> Rimasi coinvolta in un brutto incidente stradale: ero ferma al semaforo quando fui tamponata da un furgone. Il guidatore del veicolo, sterzando all'ultimo minuto, aveva colpito il lato posteriore della mia vettura a una velocità superiore ai 100 chilometri orari. La mia auto era balzata in avanti, verso il traffico che si muoveva nel senso opposto, e andò a sbattere contro un altro veicolo.
>
> Vidi un lampo di luce blu. La mia auto uscì distrutta dall'impatto e l'unica area rimasta intatta fu quella del guidatore. Fui portata all'ospedale con tagli, contusioni e la clavicola fratturata.
>
> Ho capito che i lampi di luce blu che avevo visto erano segno della presenza dell'arcangelo Michele. Sicuramente è stato lui a proteggermi quel giorno, perché la polizia, i vigili del fuoco e i medici erano sbalorditi che me la fossi cavata con semplici lesioni. Grazie Michele.

Quando siamo molto stressati, siamo così concentrati su noi stessi che impediamo agli angeli e ai loro messaggi di giungere fino a noi. In questo modo, le persone che hanno bisogno di un aiutante celeste, il più delle volte, non riescono a sentirlo. Per fortuna, gli angeli sono molto creativi e tenaci nel rispondere alle nostre preghiere. A volte ciò si traduce in un intervento per mano di amici o familiari, com'è successo a Penny Taylor:

> Una domenica piovosa ero così giù di morale che avevo deciso di chiudermi in casa a guardare la tv sotto il piumone. Provavo un profondo senso di vuoto, esaurimento e perdita, dovuto a una costante battaglia contro la depressione e la sofferenza. Mi sentivo persa e lontana dalla Fonte Divina.
> Non vedevo altra soluzione se non quella di pregare e, mentre le lacrime mi scendevano lungo il viso, chiesi con tutto il cuore un po' di conforto. Pregai con tutta me stessa che l'arcangelo Michele mi desse un segno. Volevo sentire che mi era vicino e che non mi avrebbe abbandonata.
> Ciò che accadde in seguito per me ha rappresentato una risposta alla mia richiesta. In quel momento una cara amica che viveva un po' distante mi inviò un messaggio sul cellulare che diceva: "Non ho idea del perché, ma ho avuto una visione di te proprio ora, vestita e circondata da un'incantevole luce viola. Che significa? Stai bene?".
> Fui meravigliata e stupita nel leggere il suo mes-

saggio. Quel genere di cose non era da lei, e il messaggio era arrivato subito dopo la richiesta di un segno all'arcangelo Michele. Inutile dire che il mio umore si risollevò e capii che in futuro avrei fatto meglio a ricorrere tempestivamente a Michele e alla preghiera per mantenere alto l'umore. Tutti noi meritiamo aiuto, supporto e amore dalla Sorgente Divina e dagli angeli. Basta chiedere.

Michele nei sogni e nelle meditazioni

Molte "apparizioni di Michele" avvengono in sogno. Quando dormiamo, siamo maggiormente predisposti a vedere e ad ascoltare un angelo, perché anche l'io conscio, con tutti i suoi timori, è addormentato. Durante il sonno, i nostri cuori e le nostre menti sono più aperte e meno distratte, e così abbandoniamo il pensiero "tridimensionale".

A volte, al risveglio, le persone non ricordano i propri sogni perché sembrano avere poco senso. Nondimeno, ogni informazione appresa durante i sogni resta nel nostro inconscio per aiutarci. Alcuni vedono una persona al posto dell'arcangelo, come nel sogno di Eshantie:

> Stavo lottando per ottenere la custodia di mio figlio e mi sentivo molto sola. Una notte, prima di andare a dormire, mi rivolsi all'arcangelo Michele, chiedendogli di darmi un segno della sua presenza, dato che avevo un grande bisogno di sapere che non ero sola nell'Universo.

Quella stessa notte, sognai un amico d'infanzia che era morto dieci anni prima. Si chiamava Michael. Nel sogno, ero seduta accanto a lui e provavo una serenità assoluta e la sensazione che ogni cosa sarebbe andata nel verso giusto.

Credo che l'arcangelo abbia usato il mio caro vecchio amico come punto di contatto, visto che prima di allora non mi era mai capitato di sognarlo, né capitò più in futuro.

Michele parlò a Eshantie in un modo che la sua mente poteva accettare. L'arcangelo è potente, ma sempre accorto, così, davanti a qualcuno che potrebbe intimorirsi alla vista di un angelo, usa un segno o un simbolo.

Se è vero che quando dormiamo siamo più aperti a Michele e alle altre creature celesti, è vero anche che potremmo non conservare memoria delle loro visite.

Siamo molto più inclini a ricordare queste esperienze quando si verificano nel dormiveglia, come è capitato a Emma Lee Quick:

Era mattina molto presto. Ero già sveglia e pronta a scendere dal letto. Chiusi per un istante gli occhi e subito diventai cosciente di una strana sensazione che non avevo mai provato prima: era come se fluttuassi in aria.

I miei occhi erano serrati, ma ero sveglia. Ricordo anche di aver pensato: "Non posso credere che stia accadendo. Sono sveglia e sto fluttuando."

Poi udii alcuni rumori acuti che andavano e venivano. Sentivo che provenivano da creature superiori, così con la mente chiesi cosa stava succedendo. Nonostante le voci non parlassero la mia lingua, intuii la risposta: "Sei al sicuro."
Alla fine riaprii gli occhi. Ero nel letto e la sensazione che avevo provato svanì lentamente. Poi mi addormentai di nuovo. In sogno, vidi avvicinarsi un uomo dalla pelle nera con indosso un completo bianco. Mi disse che il nuovo anno mi avrebbe portato un grosso cambiamento, e che lui sarebbe stato lì per aiutarmi.
Quando fece per andarsene gli chiesi come si chiamava e mentre si allontanava sentii: "Michele."
Al risveglio, balzai giù dal letto e corsi a raccontare tutto a mia madre. Ne fu entusiasta: "Forse si riferiva a un cambiamento di carriera" disse.
"Lo spero" risposi, anche se in fondo al cuore sentivo che Michele mi avrebbe offerto il suo aiuto per qualcosa di più tragico.
Qualche mese dopo, alla mia carissima mamma fu diagnosticata una leucemia che la portò alla morte. Ne fui devastata, perché era una delle mie migliori amiche. Poco dopo mi trasferii, mi sposai e comprai una casa con mio marito: erano i grandi cambiamenti di cui mi aveva parlato in sogno l'arcangelo Michele. Era come se fossi stata aiutata e sostenuta lungo il cammino.

In molti mi hanno detto di aver avuto apparizioni in sogno che li hanno preparati a grandi cambiamenti di vita, come è successo a Emma Lee. La donna trovò conforto nella consapevolezza di avere accanto a sé Michele, di essere protetta durante la morte della madre e nella sua nuova vita coniugale. L'arcangelo è sempre con noi, nel bene e nel male. Quando la vita ci mette a dura prova e i nostri sensi sono annebbiati, potremmo non sentirne chiaramente la presenza. Per questo Michele appare in sogno per aiutare chi è irrequieto, dato che nelle ore di sonno la mente è più tranquilla.

Una donna di nome Maribel provò immensa gratitudine per l'apparizione di Michele, che non solo la confortò, ma la guarì.

> Da ragazzina, quando vivevo a Lima, in Perù, io e i miei amici facevamo un gioco chiamato "San Miguel" [San Michele]. D'accordo tra di noi, ragazzini del quartiere, ci dividevamo in due gruppi misti di maschi e femmine. Un gruppo faceva la parte dei "cattivi" e l'altro dei "buoni".
>
> Mentre i buoni sedevano sul marciapiede con aria innocente e santa, i cattivi cercavano di portarli via, trascinandoli. I buoni a quel punto cominciavano a chiamare a squarciagola l'arcangelo Michele: "San Miguel! San Miguel! San Miguel!", finché un bambino che recitava la parte dell'arcangelo arrivava per salvarli.
>
> Da allora ho sempre pensato a Michele come a

> una creatura presente nella mia vita che mi soccorre nelle situazioni pericolose.
> Una volta mi capitò un'esperienza davvero brutta. Dopo aver pregato e pianto a lungo, mi addormentai e sognai di essere davanti al portone di casa con l'arcangelo Michele alla mia sinistra. Era alto, avvolto in un fascio di luce blu e bianca. Fluttuava sollevato da terra, emanando una certa potenza. Nel sogno cominciai a piangere, perché la sua presenza era talmente forte che in quel momento esatto mi guarì.
> È stata una scena così reale che non la dimenticherò mai, una delle benedizioni più belle che abbia ricevuto dal Cielo.
> Due anni dopo comprai una magnifica scultura dell'arcangelo Michele che sistemai in camera mia per ricordarmi che lui è sempre con me.

Oltre che in sogno, molti dicono di aver visto l'arcangelo Michele in momenti di rilassamento, durante un massaggio o una meditazione. Quando siamo calmi, siamo più ricettivi agli angeli, percepiamo le loro energie sottili e il loro amore.

Cathie McCarthy si era messa in contatto con Michele mentre se ne stava tranquilla a letto ma, come rivela la sua storia, non fu *lei* a vederlo:

> Io e il mio fidanzato ci eravamo da poco trasferiti dalla Gran Bretagna negli Stati Uniti, in Arizona. Vivevamo momentaneamente a casa di un amico,

ma mi sentivo persa, impaurita e incerta su quale direzione avrebbe preso la mia vita. Distesa sul letto, nel silenzio, invocai l'arcangelo Michele. Di solito, quando lo faccio, vedo brillare luci blu e viola. Quella notte, però, sebbene sentissi la sua presenza, non ne vedevo i colori.

Il mio fidanzato, anche lui disteso accanto a me a riposare, dopo tutti quei giorni di spostamenti in macchina, all'improvviso mi disse: "C'è un uomo alto ai piedi del letto. Sembra scandinavo o qualcosa del genere."

Il mio fidanzato non sapeva che avevo invocato l'arcangelo Michele proprio in quel momento e non aveva idea di quale fosse il suo aspetto. Così gli chiesi di continuare a descriverlo.

Disse: "È alto circa due metri, con lunghi capelli biondi, il corpo scolpito."

"Indossa sandali con i lacci?" gli chiesi.

"Sì" replicò lui, e continuò a parlare del suo abbigliamento. Lo descrisse per filo e per segno. Ero così felice. Era la prima volta che vedeva un angelo o una creatura celeste.

Quell'esperienza ci riempì d'amore e di promesse per la nostra avventura negli Stati Uniti: ci diede la speranza che la nostra vita insieme sarebbe stata felice e piena di attenzioni reciproche. Sapevamo di avere la protezione del Cielo e che avremmo trovato la forza di proseguire il nostro viaggio alla ricerca di una casa e di una scuola per nostro

> figlio. Dopo l'apparizione dell'arcangelo Michele, ogni cosa andò a posto. Ci sentimmo guidati nelle scelte da prendere e, in poco più di una settimana, prendemmo una casa in affitto, iscrivemmo nostro figlio a una delle migliori scuole della zona e trovammo lavoro.
>
> Ogni giorno ringraziamo l'arcangelo Michele per tutto il suo amore, aiuto e supporto.

Come nel caso di Cathie e del fidanzato, l'incontro con Michele armonizza in maniera positiva ogni aspetto della vita. Vederlo con i propri occhi è molto più di una "visione", perché l'esperienza è guaritrice e rassicurante allo stesso tempo.

Molti descrivono le apparizioni di Michele come esperienze multisensoriali. Affermano non solo di vedere l'arcangelo, ma di percepire anche un contatto fisico, mentre sentono il proprio cuore aprirsi con gioia e calore. Questa è stata l'esperienza che ebbe Sian Williams quando, durante una meditazione, incontrò l'arcangelo Michele:

> Per tutta la vita ho sempre avuto la sensazione che qualcuno o qualcosa fosse al mio fianco per aiutarmi nei momenti difficili. La mia infanzia è stata costellata di dolore e perdite. Eppure, nonostante tutto, non mi sono mai sentita sola e ho sempre avuto la sensazione di avere una spalla su cui piangere, anche se non sapevo a chi appartenesse.

Finché un giorno partecipai a un seminario sugli angeli ed ebbi una delle esperienze più belle della mia vita.

Al seminario sembravano tutti molto preparati sugli angeli, al contrario di me; ma l'atmosfera che si respirava in quella stanza era straordinaria. Sebbene fuori fosse una fredda mattina d'inverno, dentro mi sentivo piena di calore.

Durante una meditazione, incontrai l'arcangelo Michele. Era un bellissimo uomo con la spada. Mi mise un braccio attorno al collo e sentii come se tutti i miei problemi scivolassero via. Cominciai a piangere, ma erano lacrime di gioia perché sapevo, finalmente, che era la sua presenza quella che avevo sempre avvertito al mio fianco.

Leggendo queste storie e gli esempi riportati, forse ti sarai accorto anche tu di aver già visto l'arcangelo Michele, le sue luci blu o i segni che ama lasciare.

Ma la nostra connessione con Michele va oltre la percezione visiva, perché lui comunica anche attraverso le parole, specie quando serve una guida chiara e tempestiva, come scopriremo insieme nel prossimo capitolo.

CAPITOLO 2

LA VOCE DI MICHELE

Tra tutti gli angeli, Michele è quello con la voce più forte e chiara. È senza dubbio il messaggero divino per eccellenza, con il suo modo schietto di parlare. Arriva dritto al punto, ma sempre con affetto e senso dell'umorismo.

Sono sicura di aver sentito la sua voce prima e durante la mia disavventura del furto d'auto a mano armata. Sulle prime non gli diedi ascolto, anche se mi spiegò con esattezza come evitare l'episodio, poi, quando mi ritrovai nel bel mezzo della rapina, mi fornì le indicazioni per uscirne incolume.

Nei periodi di crisi, alcuni sentono la voce di Michele distintamente, come se a parlare fosse una persona in carne e ossa. È diversa dall'impercettibile voce interiore che a volte sentiamo durante la meditazione. In base a tutte le testimonianze che ho raccolto, posso dire che quando l'arcangelo dà un avvertimento è impossibile scambiare la sua voce per un sussurro interiore, perché essa è energica e limpida, specie se sei alla guida. Gli ordini amorevoli di Michele aiutano i guidatori a evitare incidenti, e la sua presenza ha il potere di calmare chiunque sia al volante. Molto spesso le indicazioni possono sembrare un controsenso, come quella di togliere le mani dal volante. Ma, come sempre, i consigli dell'arcangelo sono accurati e affidabili al cento per cento, come scoprì da sola Janca Lesleight Cox:

> Dopo essermi presa cura dei miei genitori malati e averli salutati quando arrivò il momento di dire loro addio, decisi di lasciare la casa di famiglia e di iniziare una nuova vita in un altro Paese. Imballai tutte le mie cose e le caricai su un rimorchio che agganciai all'auto: sistemai il mio gatto Pippin in un trasportino sul sedile posteriore e la mia cagnetta Heidi su quello del passeggero.
> Prima di cominciare quel lungo viaggio a tappe, chiesi all'arcangelo Michele protezione, guida e amicizia. Era stato un amico fedele per molti anni, così confidavo che sarebbe stato al mio fianco anche quella volta.
> Sotto la pioggia battente, ci dirigemmo verso sud, lungo il confine. Guidavo ogni giorno, in base alla resistenza dei miei due cuccioli, e fui ben indirizzata nei Bed and Breakfast che accettavano animali.
> Spesso mi ritrovavo a guidare per chilometri e chilometri lungo rettilinei in un paesaggio sempre uguale, senza una radio o un lettore CD a tenermi compagnia. A volte mi si chiudevano gli occhi e a un certo punto udii una potente voce maschile dirmi con fermezza: "Fermati subito!". Obbedii senza pensare, appena pochi istanti prima che un grosso

> camion, in mezzo alla strada, mi venisse addosso. È passato ormai un anno da quel viaggio epico che durò cinque giorni, e ho ancora la sensazione di essere stata guidata e spronata dai miei angeli e arcangeli. Davvero sento di essere stata salvata grazie al pronto intervento di Michele quando più che mai avevo bisogno di lui.

Janca decise in autonomia di ascoltare Michele che la invitava ad "accostare". Per fortuna, la maggioranza di noi segue volentieri i messaggi incalzanti dell'arcangelo. Durante una crisi, il tono e il timbro della voce di Michele sono paragonabili a quelli di un chirurgo che chiede il bisturi a un infermiere. Non vuole essere autoritario o urlarci i suoi ordini; piuttosto, esige la nostra attenzione perché agiamo con prontezza. I toni dell'arcangelo sono sempre dolci e compassionevoli quando ci sprona a compiere azioni che ci salveranno la vita.

Può capitare che i messaggi impellenti suonino illogici o impraticabili. Una delle mie storie preferite sull'argomento è di una donna di nome Sue che, per fortuna, seguì le indicazioni dell'arcangelo. La sua decisione di fidarsi di lui salvò la sua vita e quella dei suoi figli:

> Molti anni fa, ai tempi in cui vivevo in un matrimonio fatto di maltrattamenti, ogni notte pregavo il Cielo e l'arcangelo Michele di darmi la forza di affrontare un altro giorno o di andarmene. Ma ogni volta restavo, pensando che i miei figli meri-

tassero una famiglia sana e con la speranza che le cose migliorassero.
Finché una notte, mentre stavo pregando, udii una voce maschile che s'identificava come l'arcangelo Michele. Mi disse chiaramente che i miei figli erano in pericolo e che dovevo trovare la forza di andarmene. Mi spiegò anche che mio marito aveva il cuore di pietra e che non avrebbe ascoltato il Creatore, né smesso di fare del male a me e ai nostri figli. Non gli credetti perché fino a quel momento mio marito aveva alzato le mani solo su di me e mai sui bambini.
Due giorni dopo mio marito prese a picchiarmi. David, mio figlio di tredici anni, si precipitò al telefono per avvertire la polizia, ma il padre lo inseguì fino a spingerlo giù dalle scale. A quel punto cercai di telefonare io stessa, ma lui era uscito a staccare il telefono.
Accorsi da David che era gravemente ferito. Mi disse che delle ali avevano attutito la sua caduta per evitare che si rompesse il collo. In quella specie di incubo, gli angeli ci proteggevano.
Quella notte, però, avevo ancora bisogno d'aiuto, dato che vivevamo in un'area rurale sperduta, dove i vicini erano a chilometri di distanza e mio marito aveva portato via le chiavi della mia auto. Cominciai allora a pregare. Ancora una volta, l'arcangelo Michele venne da me e mi disse: "Vai fuori, ricollega i cavi del telefono e chiama la polizia."

Non so nulla di cavi, ma obbedii... e mi ritrovai esperta come un tecnico. Come per miracolo, sapevo cosa fare: era senza dubbio un intervento divino. Chiamai la polizia che portò me e i miei figli in una casa di accoglienza per donne maltrattate. Trovarono mio marito e lo arrestarono.

Quella notte l'arcangelo Michele fu la mia salvezza e gli sarò per sempre grata.

Pochi anni dopo divorziai. Non avevo alcun desiderio d'incontrare qualcun altro dopo il mio doloroso matrimonio. Ma quando conobbi l'uomo che mi disse che Michele era il suo angelo patrono, sapevo di dovergli dare una possibilità.

Stiamo insieme da quattro anni ora e, per molti versi, il mio nuovo marito è simile all'arcangelo Michele: è molto protettivo e affettuoso, sia con me sia con i miei figli. In tutto questo, ho cominciato a studiare gli angeli e adesso li ascolto e sono sempre pronta a imparare nuove lezioni.

Quando Michele invia un avvertimento, ci dà sempre una direzione. È molto attento a non spaventarci mentre ci indica i passi da seguire. E a volte, come capitò a Carolyn Skalnek, gli basta pronunciare una semplice parola:

Iniziò come qualsiasi altra notte ma finì in maniera fantastica. Con i bambini già sotto le coperte, era arrivato il mio turno di coricarmi. Mi aggiravo per casa, mentre mi preparavo per andare a let-

to, spegnendo le luci e controllando le porte. Mio marito si era già addormentato, così m'infilai in silenzio sotto le coperte.
Una volta coricata, esausta per l'intera giornata, recitai le mie preghiere chiedendo al Cielo e all'arcangelo Michele di proteggere la mia famiglia, la mia casa, la mia comunità e il mondo. Mi addormentai subito e rimasi in quello stato finché qualcosa mi destò.
Perplessa e confusa, mi alzai cercando di fare mente locale sul perché mi fossi svegliata. Poi mi rimisi a letto ma sentii un rumore improvviso, come di qualcosa che batteva sulla finestra. Dal suono sembravano i rami del pino, ma era impossibile perché quella notte non c'era vento. Restai in ascolto per qualche minuto.
Mi stavo innervosendo perché non riuscivo a prendere sonno. Tirai su le coperte e cercai di riaddormentarmi... finché udii di nuovo quel suono. E ancora! Qualcosa o qualcuno stava battendo sul vetro così forte da produrre un rumore martellante. Questa volta ero completamente sveglia e decisi di chiamare mio marito.
Quando fummo entrambi in piedi ad ascoltare, il suono smise di ripetersi, ma captai qualcosa di incredibile: appena sentii il rumore familiare di un clic provenire dall'altra stanza, la parola "asciugatrice" mi saltò in mente.
Più in fretta che potei, scesi nel locale lavanderia.

Entrando, mi ricordai di averla accesa nel pomeriggio. Dentro, il carico degli asciugamani era intoccabile, visto che il cestello ruotava da dodici ore. La mia faccia scottava per il calore che fuoriusciva dall'oblò.
Ancora qualche istante e l'asciugatrice sarebbe andata a fuoco, ne sono certa. La camera di mio figlio è proprio sopra la lavanderia. Appena mi ricordai di tutte le storie di case andate in fiamme a causa dell'asciugatrice, ringraziai il Cielo e l'arcangelo Michele per il lieto fine di quella avventura.

Il conforto di Michele

Michele non ci guida solo per proteggerci da un pericolo. Molto spesso i suoi messaggi ci infondono speranza e fiducia quando ne abbiamo più bisogno. Le parole che John Roche udì lo aiutarono a farsi forza durante una grave malattia. Potrebbe essere stata la confortante certezza di avere l'arcangelo al suo fianco a permettergli di rimettersi. John ricorda:

> I miei genitori mi insegnarono a invocare l'arcangelo Michele fin da quando ero bambino. Questa abitudine mi ha accompagnato fino a oggi. A diciotto anni mi ammalai di cancro. Ci misi un po' prima di rivolgermi a un medico specialista che identificasse i sintomi ma, a quel punto, a diagnosi accertata, il cancro era drasticamente peggiorato.

Mi sottoposi a pesanti sedute di chemioterapia a intermittenza per tre anni, con momenti di recupero e ricadute addirittura peggiori. La chemio (come sa bene chi ci è passato) fu davvero debilitante. Quando mi ricoverarono per la terza volta, il mio oncologo mi disse che un giorno avrei dovuto sottopormi a un trapianto di midollo, il che significava altro tempo in ospedale, interventi chirurgici e una chemioterapia più intensa. Inutile dire che la cosa mi sconvolse, e mi chiedevo se sarei sopravvissuto.
Quando finalmente arrivò il momento del trapianto, dovetti accettare le terapie più potenti che l'ospedale poteva offrirmi. Passai tre giorni di grande sofferenza, con la chemio che mi attaccava in ogni parte del corpo. Fu allora che mi spostarono nell'unità di isolamento, dove trascorsi tre settimane da solo, tagliato fuori dal mondo. Mi sentivo giù, abbandonato e impaurito, nonostante tutti gli sforzi dei familiari per risollevarmi il morale.
La stanza in cui ero finito misurava non più di tre metri quadrati, buona parte occupata dal letto e dalla strumentazione medica. Mi chiedevo come avrei affrontato quella condizione di clausura, solo, in una stanza minuscola, per settimane. Ero scoraggiato e depresso, e tra le lacrime che mi rigavano le guance implorai il sostegno dell'arcangelo Michele. In quell'istante provai un senso di serenità e di amore profondo che non avevo mai sentito prima. Una voce interiore mi sussurrò dolcemente:

"Va tutto bene. Non devi preoccuparti di niente. Sono qui per prendermi cura di te."

La consapevolezza della presenza dell'arcangelo mi riempì il cuore. Tutte le paure e l'ombra della disperazione che si erano impossessate di me fino a quel momento svanirono. Le lacrime continuavano a scendere sulle mie guance, ma adesso piangevo di gioia. Sentivo che Michele si stava prendendo cura di me, che era al mio fianco. Anche se non lo vedevo, non importava, perché ero certo che mi stava proteggendo e che vegliava su di me.

La serenità, l'amore e la certezza di aver ricevuto quel giorno la sua benedizione restarono con me fino al termine dell'isolamento, tre settimane dopo. Non ebbi alcuna complicazione né ricaduta durante l'intervento chirurgico e nel conseguente ricovero. Ogni parte del mio essere sapeva che era tutto merito dell'arcangelo Michele.

Ora, a trent'anni, invoco Michele ogni volta che ne ho bisogno. È il mio migliore amico, e sento continuamente la sua energia e il suo amore intorno a me.

Per chiedere a Michele un messaggio di conforto è sufficiente che pensi o esprimi la tua richiesta. Non importa come, l'importante è fargli sapere di cosa hai bisogno. Alcuni, come John, hanno udito le sue parole. Ma forse, come scoprirai nei capitoli successivi, puoi vedere o sentire la sua risposta o ricevere il suo messaggio tramite un'altra persona.

In ogni caso, l'arcangelo ti farà sapere che è lì, e questo di per sé è già un grande messaggio di conforto.

Michele, il santo patrono

Michele, come il Creatore e tutti gli angeli, è infinito nella sua capacità di aiutarci. Collabora perfettamente con l'infinita creatività dell'intelligenza celeste. Le sue soluzioni sono quindi imprevedibili in quanto a misura perfetta di ogni situazione.

La storia che segue, di Jerome Stefaniak, ne mette in luce sia la creatività sia il senso dell'umorismo:

> Prima di mettermi in viaggio invoco gli angeli con questa preghiera che ho inventato: "Angeli cari, proteggete me e la mia auto oggi che sono alla guida. Benedite ogni persona e ogni auto che oggi è in strada. E aiutate noi tutti a giungere a destinazione sani e salvi, senza intoppi e con serenità."
>
> Stavo guidando in autostrada a tutta velocità, quando un'auto cominciò a starmi addosso segnalandomi con i fari l'intenzione di superarmi. Invece di fare un bel respiro e spostarmi, lasciai emergere il mio lato competitivo. La musica dell'autoradio era alta e incalzante e io ero determinato a non farmi sorpassare.
>
> L'altra macchina cambiò corsia e mi superò sulla destra tagliandomi la strada, ignorando le strombazzate del mio clacson e il fatto che potevamo rimanere coinvolti in un incidente.

> Proprio allora, sopra il rumore del clacson e della musica, sentii distintamente il suono delle sirene della polizia dietro di noi.
> "Oh Gesù!" pensai, mentre rallentavo. L'altra auto continuava ad accelerare davanti a me. Guardai nello specchietto retrovisore: nessuna macchina della stradale.
> Mi ricordai che Michele è il santo patrono dei poliziotti, così non fui sorpreso che avesse usato il modo più efficace per riportarmi alla ragione. Dopo quell'episodio ho sempre guidato con molta più prudenza.

Come riuscì Michele a creare il suono delle sirene che spinsero Jerome a rallentare? Lo produsse solo nella sua testa? Se ci fossero stati altri passeggeri a bordo dell'auto, l'avrebbero sentito anche loro? Sono misteri che non capiremo mai, ma di cui beneficiamo tutti.

Per Jerome è stato l'arcangelo a simulare il suono delle sirene, perché è il santo patrono dei poliziotti e dei militari. Michele protegge, guida e infonde coraggio negli uomini e nelle donne che indossano una divisa. E a volte ci aiuta anche se abbiamo a che fare con agenti di polizia, come è capitato a Beverly Wahl:

> Una sera mi recai in visita da mia madre, ricoverata in ospedale. Sulla strada di ritorno, mi persi e cominciai a fare inversioni irregolari alla ricerca spasmodica della strada principale.

> Fu in quel momento che un agente sbucò fuori dal nulla e m'ingiunse di accostare. Chiesi subito all'arcangelo Michele cosa avrei dovuto fare. Udii con chiarezza rispondermi: "Di' che ti dispiace, informa l'agente che ti sei persa e che hai bisogno di aiuto."
> Quando l'agente si avvicinò al finestrino dell'auto mi domandò perché stessi andando in quella direzione. Mi chiese i documenti in tono severo.
> Come mi aveva detto Michele, spiegai che ero desolata, che mi ero persa e avevo bisogno di aiuto.
> L'agente diventò molto compassionevole e non mi fece la multa. Mi aiutò anche a riprendere la strada principale addirittura fermando il traffico, in modo che potessi fare manovra in tutta sicurezza.
> Grazie arcangelo Michele: ho sempre creduto nel potere degli angeli, ma questa è stata un'innegabile conferma diretta.

Dato che Michele coopera con gli agenti di polizia, può guidarti a trovare il modo più adatto per rivolgerti a loro. Nota che Beverly ricevette l'aiuto dall'arcangelo dopo aver richiesto la sua assistenza. È un punto importante da ricordare: come ho già detto, Michele interviene solo se lo invochiamo, dal momento che non gli è permesso interferire con il nostro libero arbitrio.

Il lato più dolce della voce di Michele

Se Michele vuole subito la nostra attenzione, la sua voce tuona con chiarezza inconfondibile. Ma sa anche essere tenero quando occorre. Carolyn Kellis Reed non aveva mai udito le parole dell'arcangelo prima di essere salvata in un incidente d'auto, con un intervento che sfidò le leggi della fisica:

> Stavo guidando con a bordo i miei tre bambini su una strada di campagna a due corsie, vicino a casa mia. C'era uno spazio di cinque o sei macchine tra me e l'auto davanti ed entrambe viaggiavamo a una velocità superiore ai 100 chilometri orari.
> A lato della strada, una piccola berlina stava per immettersi nel traffico. Controllando nello specchietto retrovisore, notai che non c'erano altri veicoli alle mie spalle, così dedussi che l'auto avrebbe aspettato prima di passare. Fui scioccata quando la vidi immettersi nella carreggiata e tagliarmi la strada. Ero certa che ci saremmo scontrate.
> Frenai di colpo e chiusi gli occhi, pronta all'impatto. Quando li riaprii (dopo qualche istante), la berlina si trovava molto più in là rispetto a me e non c'era stata alcuna collisione. Evidentemente, le leggi spaziotemporali erano state completamente aggirate.
> Ero molto scossa, ma udii una vocina decisa nella mia testa. Diceva di essere l'arcangelo Michele e di aver preso i giusti provvedimenti per evitare l'incidente. Quando gli chiesi come avesse fatto, visto che l'incidente era stato scampato per un pelo, mi disse che aveva alterato lo spazio e il tempo per sal-

vaguardare me e i miei figli. Non era ancora giunta la nostra ora, così era intervenuto per salvarci. Da allora ho sempre invocato l'arcangelo Michele per proteggere me e i miei bambini quando siamo tutti insieme in macchina. E Michele ci ha protetto in molte altre occasioni.

L'episodio di Carolyn richiese l'intervento diretto di Michele, anche se l'arcangelo non era stato invocato. Questa storia è un esempio dell'unica eccezione alla "Legge del libero arbitrio", perché il Cielo e gli angeli intervengono nelle questioni di vita o di morte solo se per qualcuno è ancora presto per andarsene.

Ma allora, perché Michele non salva tutti dalla morte? È un'annosa domanda cui forse in questa vita non riusciremo mai a rispondere. La mia teoria è che le persone se ne vanno quando sono predestinate a lasciare la Terra, in linea con i propri piani e con quelli della volontà divina.

Ripeto, queste sono teorie terrene che non possono scalfire la superficie dell'Universo superiore multidimensionale. Ma quello che so per certo è che grazie all'intervento divino molte vite sono state salvate, e che il più delle volte a intervenire è proprio Michele.

Come ci ha mostrato Carolyn, le parole dell'arcangelo possono avere il dolce suono di una voce interiore. Credo che di norma Michele usi toni gentili ma che sappia essere deciso quando le persone non lo ascoltano (per esempio, se sono stressate o impaurite). Una donna di nome Melody G. ci racconta la storia della sua trasformazione da persona distratta ad ascoltatrice attenta, dopo che Michele riuscì dolcemente a richiamare la sua attenzione:

> Guidavo ad alta velocità dietro un grosso camion su una superstrada molto trafficata, quando sentii una voce interiore che mi diceva di spostarmi nell'altra corsia per allontanarmi dal veicolo che avevo davanti, ma non ascoltai.
> All'improvviso un pezzo del camion si staccò e per poco non urtò il mio parabrezza. Chiesi subito all'arcangelo Michele di proteggermi. Grazie al Cielo, il pezzo atterrò in strada.
> Qualcosa dentro di me mi disse di accostare, e stavolta ascoltai il consiglio. Non c'era uno spazio adatto a parcheggiare, ma in qualche modo riuscii a mettermi da parte sulla carreggiata. A quel punto ringraziai Michele per avermi protetta.

Come facciamo a essere sicuri che la voce interiore provenga dal Creatore e dagli angeli? O se invece stiamo immaginando tutto a causa del nostro desiderio di sentire la loro voce?
Be', l'azione divina ha uno stile tutto suo, è molto diversa dai prodotti dell'ego o dell'immaginazione. Ecco alcune caratteristiche peculiari.

Parla in seconda persona. Una guida celeste si rivolge a te in seconda persona, proprio come se ti stesse parlando. Ogni frase, quindi, adotta le espressioni tipiche di una conversazione: "Cambia corsia adesso" o "Controlla la pressione degli pneumatici". La nostra immaginazione ci parla invece in prima persona, e ogni frase somiglia più a un dialogo interiore come: "Meglio se cambio corsia adesso" o "Dovrei controllare la pressione degli pneumatici".

È pratica. Gli angeli ci suggeriscono sempre come migliorare una situazione, la nostra salute o in quale modo riempire la nostra vita. L'ego, al contrario, è alla ricerca del piacere immediato e vuole capire come diventare ricchi in fretta, famosi o risolvere qualche altro capriccio fine a se stesso (la guida degli angeli potrebbe anche farti diventare ricco e famoso, ma come effetto secondario, per aver svolto un servizio o apportato miglioramenti, non come scopo primario).

Infonde un senso di pace. Quando Michele e gli altri angeli ti parlano, provi subito una sensazione di pace. Le persone che sentono la voce dell'arcangelo durante un'emergenza ne sottolineano sempre l'effetto calmante in grado di metterle nella condizione di pensare con lucidità in un momento difficile. Al contrario, quando è l'ego a parlare, è facile provare un senso di paura, vuoto, nervosismo, colpa o qualche altra emozione negativa.

Trasmette un senso di verità. Quando Michele o gli altri angeli ti parlano, senti che il loro messaggio è "vero". E anche se dicono qualcosa all'apparenza illogico o spaventoso, il messaggio intuitivamente ha senso per te. I messaggi dell'ego, al contrario, sono vacui.

Le indicazioni pratiche di Michele

Altre due caratteristiche della voce di Michele sono lo straordinario senso dell'umorismo e la natura pratica e realista. In effetti, i messaggi dell'arcangelo non sono mai strampalati e hanno lo scopo di migliorare la nostra vita di tutti i giorni, come scoprì Marcelle Vlasic quando l'arcangelo le parlò:

> Sono una deejay professionista e un giorno mi stavo preparando per portare un impianto di microfonia a un matrimonio. Era molto importante che mi presentassi con la strumentazione, perché la cerimonia potesse iniziare secondo l'orario stabilito; l'auto però non voleva saperne di partire, così chiesi all'arcangelo Michele di aiutarmi.
> Dissi: "Michele, ti prego, fai partire la mia auto ora, in modo da essere pagata per questo lavoro e aiutare la coppia che si sta per sposare."
> Sentii immediatamente le parole: "Telefona al soccorso stradale." Mancavano solo quaranta minuti al matrimonio, che si sarebbe svolto dall'altra parte della città, per cui sul momento non ascoltai. Pensai che ci sarebbe voluta un'eternità per raggiungere casa mia e ripararmi l'auto. Ma ancora una volta, udii: "Telefona subito!".
> Questa volta decisi di fidarmi e feci la chiamata. Il servizio arrivò in cinque minuti e in altri cinque riparò l'auto. Il personale fu inoltre molto gentile, come se fosse stato davvero inviato dal Cielo. Pre-

sto fui in strada e arrivai in tempo al matrimonio. Davvero un "tempismo divino".

Finora ti ho parlato delle apparizioni di Michele, delle caratteristiche della sua voce e dei suoi messaggi. Nel capitolo successivo esploreremo insieme le sensazioni fisiche straordinarie che le persone provano quando l'arcangelo è nelle vicinanze.

CAPITOLO 3

LA PRESENZA DI MICHELE

Michele è un arcangelo molto potente ed è facile per lui far sentire la propria presenza. Sono anche convinta che sia esattamente questa la sua intenzione quando è al nostro fianco, perché sapere che siamo protetti dalla sua energia e dal suo amore ci conforta. Quindi, è ovvio che Michele, l'angelo miracoloso, abbia tra le proprie abilità quella di rendere percepibile la sua presenza.

La nostra pelle è molto sensibile e può rilevare all'istante variazioni di temperatura, cambiamenti di pressione nell'aria e segnali elettrici.

Le persone raccontano di aver avvertito spesso la presenza dell'arcangelo dopo averne invocato la protezione… che, come testimonia Caz Green, porta con sé sensazioni di sicurezza e conforto:

> Tempo fa stavo partecipando a un corso intuitivo sugli angeli tenuto da Doreen che ci invitò a domandare all'arcangelo Michele: "Che cosa vuoi da me in questo momento?". Subito udii l'ar-

cangelo mettermi in guardia rispetto al pericolo che avrei corso quella notte rientrando nella mia stanza d'albergo. Michele mi disse di stare attenta e all'erta e di invocare la sua protezione.

Il resto della giornata fu così pieno di attività che, quando percorsi i venti minuti a piedi per raggiungere l'hotel, mi dimenticai del messaggio. Ero quasi arrivata, quando notai del trambusto: un uomo ubriaco e barcollante mi stava venendo incontro lungo la strada urlando nel frattempo verso una coppia che passeggiava davanti a me. Ebbi paura, e il battito del mio cuore accelerò al pensiero che si stesse dirigendo verso di me e che ero sola. A un tratto, mi ricordai dell'avvertimento di Michele e lo invocai: "Ti prego, arcangelo Michele, stammi vicino e proteggimi da ogni male." Sentii una carezza sul braccio e provai una forte ondata di calore e di forza. Ebbi anche l'impressione di essere molto più alta e massiccia. L'ubriaco si avvicinava sempre di più, urlando a voce alta. Mi raggiunse e per un attimo sembrò quasi sul punto di afferrarmi, ma fu come se le sue mani urtassero contro qualcosa a pochi centimetri da me. L'uomo indietreggiò con sguardo atterrito e si allontanò buono buono.

Da allora ho sempre detto a tutti di contare sulla protezione dell'arcangelo Michele, ma soprattutto di ascoltare le sue istruzioni.

Parte della protezione che Michele ci offre, quindi, si traduce nel senso di sicurezza che proviamo quando è al nostro fianco. Non penso usi altri espedienti per farci sentire la sua forza e il suo calore. Credo piuttosto che la sua presenza sia così profondamente potente e amorevole che ogni singolo nervo del nostro corpo capti la straordinaria radiosità della sua essenza divina.

Molti dipinti raffigurano Michele mentre imbraccia uno scudo protettivo. Michele ci salvaguarda da ogni forma di negatività, per la nostra sicurezza e perché ci sentiamo sicuri. Dopo averlo invocato, Kate Whorlow avvertì che l'arcangelo con il suo scudo stava venendo a salvarla:

> Una sera, mentre svoltavo nella via per rientrare a casa, sentii qualcuno alle mie spalle. Mi guardai velocemente attorno e vidi un uomo che mi camminava alle calcagna. Ero molto a disagio, visto che in pratica occupava il mio spazio. Con prontezza dissi tra i denti: "Arcangelo Michele, ho bisogno di te ora. Cammina con me, ti prego, e proteggimi fino a casa."
> Appena pronunciai la frase, avvertii la presenza dell'angelo al mio fianco, con le sue ali attorno a farmi da scudo protettivo. Mi calmai all'istante. Continuai a camminare a passo spedito, senza girarmi, finché non raggiunsi il vialetto d'ingresso. A quel punto mi voltai: l'uomo se n'era andato.
> Ringraziai l'arcangelo Michele per il suo aiuto. Forse non ero stata veramente in pericolo, ma in-

vocando Michele ricevetti il supporto e la protezione di cui avevo bisogno per sentirmi al sicuro.

Michele ci avvolge con le sue grandi ali, come ha fatto con Kate. L'arcangelo è sempre al nostro fianco, se glielo chiediamo, ma di solito non lo avvertiamo finché non arriva un momento difficile che ci ricorda di invocarlo. Questa è un'altra delle abilità in cui Michele eccelle: calmare all'istante i nervi e consolare i cuori.

Il suo amore radioso passa dal sistema nervoso simpatico (responsabile delle reazioni istintive "combatti o fuggi") al parasimpatico (dove siamo rilassati e pensiamo con più lucidità).

Michele aiutò Karen Forrest a mantenere la calma e a evitare una collisione quando un veicolo si fiondò dritto verso di lei:

> Come ufficiale delle forze armate, non ho alcuna remora a invocare l'arcangelo Michele (patrono dei soldati) per trovare protezione e coraggio. Ovviamente l'avevo fatto anche quando, per l'ennesima volta, l'esercito mi aveva piazzato in un'altra base.
> Mentre, in auto con mio marito, eravamo diretti all'aeroporto, chiesi all'arcangelo Michele di proteggerci in quelle due ore di strada. A metà del percorso, viaggiavo a circa 100 chilometri orari, quando notai un camion davanti a me che si gettava all'improvviso sulla corsia d'emergenza. Non capii il perché di quella manovra avven-

tata e a quella velocità, finché non vidi un'altra vettura fiondarsi dritta verso di noi.

Invocai subito l'arcangelo Michele per ricevere aiuto. Non appena cominciai a sterzare anch'io per gettarmi a lato della strada, udii la sua voce calma dire: "Non preoccuparti, Karen. Sono al volante della tua auto, guiderò io per te. Sei al sicuro."

Mi sentii pervadere da una calma intensa (persino con quell'auto diretta verso di me) e avvertii la presenza dell'arcangelo che cominciò a far sterzare, come per miracolo, la mia macchina nella giusta direzione per metterla al sicuro, evitando il veicolo in arrivo e il camioncino. Grazie al Cielo nessuno si fece male. Mio marito Wayne, sul sedile del passeggero, era rimasto scioccato da come avevo gestito la situazione con calma e prontezza. Non sapeva che mi ero affidata ciecamente all'arcangelo Michele e alla sua abilità di guidare la mia auto. Grazie Michele per averci protetto.

Karen ci ha descritto come Michele prese il controllo del volante, un'esperienza che hanno riportato anche altre persone. Molti affermano, dopo aver invocato l'aiuto divino per scongiurare un incidente, di aver udito una voce che diceva: "Togli le mani dal volante" e di aver sentito, con grande meraviglia, che mani invisibili conducevano la macchina fuori pericolo.

A Sheryl Groen, invece, Michele non suggerì di lasciare il volante, ma la aiutò a guidare su un ponte ghiacciato:

Vivo nello Iowa centrale, dove il tempo è noto per i cambiamenti repentini. Abbiamo anche una combinazione di nebbia e ghiaccio estremamente pericolosa. Il ghiaccio nero che si crea sull'asfalto, in particolare, è difficile da vedere, e una volta che ci sei sopra è troppo tardi per rallentare.

Faccio la pendolare, così ogni mattina chiedo protezione all'arcangelo Michele. Quel giorno il cielo era particolarmente coperto e grigio, e incontravo banchi di nebbia a ogni chilometro. Quando salii su un ponte, udii distintamente una voce dire: "Tieni d'occhio il ponte." Rallentai, ma non vidi nulla di insolito.

Continuai a guidare, e notai che la superficie della strada era bagnata, così diminuii ancora la velocità. Mentre mi avvicinavo a un altro ponte, le stesse parole mi attraversarono la mente: *tieni d'occhio il ponte*. Questo era sopraelevato e coperto da uno spesso banco di nebbia. Non vedevo né l'inizio né la fine della strada. La nebbia nascondeva persino il paesaggio circostante, non riuscivo a capire dove andavo.

Una volta sopra, vidi il ghiaccio nero sulla superficie. La nebbia si era diradata e vidi una macchina che bloccava la mia corsia e un'altra contro il guardrail. C'erano detriti e frammenti ovunque, e tra le auto due persone gridavano: "Stop! Fermi!". Era impossibile proseguire, e sapevo che non sarei riuscita a fermare la vettura sul ghiaccio. Dissi a voce alta: "Angeli, aiutatemi!". All'istante qualcuno prese il controllo del volante e, come un pilota professionista, guidò il mio veicolo tra le due auto, le persone e i detriti. Una sensazione di pace avvolse il mio cuore, perché sapevo di essere in mani esperte. La macchina non sbandò né gli pneumatici sollevarono schegge di ghiaccio. Gli angeli manovrarono la mia auto attorno agli ostacoli come se avessero tenuto in mano una porcellana preziosa. Poi, con la stessa cura, la macchina uscì dalla nebbia e quindi dal ponte, per tornare sulla strada principale, senza un graffio, né sulla carrozzeria né su di me.

Grazie arcangelo Michele, cosa farei senza di te?

La prossima storia affronta uno scenario di cui ho sentito spesso parlare. A volte Michele non previene (o non può prevenire) un incidente stradale, ma può aiutarci a mantenere la calma evitando che ci feriamo, come capitò a Liliana:

> Stavo guidando verso il mio ufficio quando un'auto a tutta velocità sbatté contro la mia fiancata. La mia vettura cominciò a girare, ma per qualche ragione non ero spaventata. Esclamai soltanto: "Ti prego, aiutami!" e allora sentii come se qualcuno mi stesse abbracciando o fosse stretto a me.
>
> Alla fine mi schiantai contro un lampione, ma uscii dall'auto praticamente illesa.

La cosa più bella fu quando il giorno dopo, sotto la doccia, notai alcuni segni sulle spalle. Erano identici a impronte di dita. Sono certa che la Fonte Divina mi abbia inviato l'arcangelo Michele per proteggermi. L'abbraccio di Michele era stato così stretto da lasciarmi il segno.

Il radioso calore di Michele

In molti dipinti Michele è rappresentato con una spada di luce radiosa. Mi piace pensare che sia un modo per l'artista di comunicare l'incredibile calore che l'angelo sprigiona.

Ogni volta che le persone sperimentano un incontro ravvicinato con Michele, riportano una sensazione di tepore o di calore. Alcuni iniziano a sudare, e molte donne mi hanno confidato di avere avuto vampate simili a quelle della menopausa.

Isabelle Hannich si accorse, addirittura, che la presenza di Michele la riscaldava in una fredda passeggiata mattutina:

> Avevo sentito dire che, se avverti un immediato calore senza una ragione logica, significa che l'arcangelo Michele è nei paraggi. Stavo partecipando a una conferenza fuori città e decisi di farmi una passeggiata, la mattina presto. Era ancora buio quando lasciai l'albergo, diretta al mare, per meditare e vedere l'alba. Una volta fuori, mi chiesi se fosse stata una buona idea quella di camminare da sola. Così invocai la protezione dell'arcangelo Michele.

Quando arrivai in spiaggia e mi tolsi le scarpe, realizzai che sentivo caldo. Pensai che fosse alquanto strano alle cinque del mattino, dato che l'aria era tutt'altro che mite e non avevo camminato molto. Fu in quel momento che mi accorsi che il tepore non era dovuto alla temperatura dell'aria, ma all'arcangelo che aveva risposto alle mie preghiere e mi proteggeva.

La storia di Isabelle mostra il lato pratico di Michele anche se, il più delle volte, il suo compito è proteggere noi e i nostri cari. La prossima storia di Belinda V. Herrera illustra come l'arcangelo può metterti al sicuro guidandoti con il suo calore:

Ho avuto molte esperienze con l'arcangelo Michele, ma una in particolare mi stupisce ancora oggi. Ho imparato dai libri di Doreen che quando Michele è nei paraggi senti molto caldo. L'informazione si dimostrò preziosa.
Avevo appena finito di far tinteggiare i muri esterni di casa mia. Quella sera accesi i faretti, senza sapere che gli imbianchini li avevano ricoperti con teli di plastica. In quel momento avvertii un gran tepore attorno e riconobbi il segno della presenza dell'arcangelo Michele. Seguendo quel calore fui guidata all'esterno.
Una volta fuori, la sensazione di calore continuava a circondarmi, specialmente sul lato de-

stro, all'altezza dell'orecchio. Muovevo le mani e le braccia dove sembrava più forte. Sapevo che c'era qualcosa che non andava, perché mi stava guidando in un luogo preciso. Ero confusa, non riuscivo a capire. Con mia sorpresa, l'arcangelo Michele mi aveva portato verso il muro esterno di mattoni, diventato bollente. Il calore verso l'alto aumentava, così guardai più attentamente e finalmente notai la plastica attorno alle lampade che stava per prendere fuoco.

Ritornai dentro, spensi subito le luci e rimossi la plastica. Mentre lo facevo, piansi con emozione e gratitudine e ringraziai Michele. Se non fosse stato per lui, la mia casa probabilmente sarebbe andata in fiamme mentre mio marito e i miei figli dormivano.

È stata un'esperienza che non dimenticherò mai. Dobbiamo solo fermarci e ascoltare la sua guida interiore.

Voglio ripetere e sottolineare la frase conclusiva di Belinda: "Dobbiamo solo fermarci e ascoltare la sua guida interiore." Michele è in grado di aiutarci, di assisterci e di proteggerci, ma noi dobbiamo andargli incontro, prestando attenzione ai messaggi che riceviamo attraverso visioni, parole e sensazioni. Sappiamo che Michele ci guida sempre con le sue brillanti luci blu e viola, il suo modo di parlare diretto, l'effetto calmante che ci instilla e il calore che irradia.

Nel capitolo successivo vedremo in quanti modi sorprendenti Michele ci offre protezione, anche con la sua capacità di distorcere le "leggi" fisiche della gravità, del tempo e dello spazio.

CAPITOLO 4

MICHELE, IL DIVINO PROTETTORE

Più di ogni cosa, Michele è conosciuto come l'angelo che ci salva, ci protegge e ci difende. È sempre dipinto come un guerriero, seppure molto pacifico e amorevole. Dato che ho sentito e letto innumerevoli storie sulla sua miracolosa capacità di protezione, sono convinta che gli ideatori dei supereroi si siano ispirati a lui.

Come leggerai, Michele può saltare su palazzi altissimi in un solo balzo. In questo capitolo avrai prova della sua illimitata capacità di aiutarci. Per questo motivo, forse, continua a rassicurarci che non c'è nulla da temere, perché lui è qui con noi, a proteggerci tutti.

Michele piega le leggi della fisica

Non avendo un corpo fisico, gli angeli non risentono della forza di gravità, del tempo e delle altre leggi della fisica. L'arcangelo Michele può spostare una macchina dal punto A al punto B in un baleno, per esempio, o fermare il tempo. Quando deve salvare delle vite, mette in atto la magia celeste. Le storie di questo capitolo dovrebbero dissipare ogni dubbio sulla miracolosa presenza di Michele e sulle sue abilità.

Una donna di nome Sandra è assolutamente certa che l'intervento dell'arcangelo le abbia risparmiato la vita, visto che non trova altra spiegazione a come la sua auto, fuori controllo, a un certo punto abbia cambiato direzione da sola:

> Mio fratello, mia cognata e io decidemmo di far visita ai nostri zii per Natale. Le strade a tratti erano ghiacciate ma non avevamo idea di quanto fossero pericolose. In autostrada, chiesi a mio fratello di ridurre la velocità, ma lui mi rispose di non preoccuparmi, che sarebbe stato prudente. Ogni tanto scivolavamo su qualche lastra di ghiaccio e più di una volta sbandammo, ma mio fratello non si decideva a rallentare. Si vantava di essere un autista di camion professionista, con capacità eccellenti. Riusciva infatti a manovrare grossi veicoli, ma ora eravamo a bordo di una piccola utilitaria.
>
> Ricordo poi che, a un tratto, slittammo oltrepassando le due corsie del nostro senso di marcia per finire in quelle opposte. La macchina era una tre porte, e io ero seduta dietro. Mia cognata, che non sapeva guidare, cercava di afferrare il volante mentre continuavamo a girare su noi stessi.
>
> Mentre l'auto girava su se stessa, vidi un autoarticolato scendere dalla collina e avvicinarsi sempre

più. Cominciai a pregare e a chiedere all'arcangelo Michele di proteggerci, finché, per miracolo, in un lampo, la nostra auto rientrò nella giusta corsia, arrestandosi su un morbido banco di neve. Grazie arcangelo Michele: non so spiegare come la macchina sia scampata a quella situazione se non con l'intervento angelico.

Rimettendoci in marcia verso la casa dei nostri parenti, notammo diverse auto nei fossati della carreggiata opposta, come pure un grosso camion che era andato fuori strada finendo nel fiume. Eravamo stati davvero fortunati.

Ammiro molto Sandra per la prontezza avuta nel chiedere aiuto a Michele in quella situazione! La sua storia è un fantastico promemoria che ci ricorda come nel mezzo di una crisi il modo migliore per proteggersi sia la preghiera. Sarebbe bene abituarsi a farlo prima di ogni emergenza così, in circostanze difficili, ci verrà naturale dire: "Michele, ti prego aiutami", invece di imprecare.

La prossima storia ha come protagonista una donna di nome Amber e mi ricorda uno dei miei film per bambini preferiti, "Un professore fra le nuvole", dove il personaggio di Fred MacMurray scopre una sostanza che fa volare la sua auto come un aeroplano:

Quando mio marito diventò un malato terminale, scoprii la spiritualità e la connessione con gli angeli. Questo nuovo rapporto fu una salvezza.

Stavo guidando in autostrada con mia figlia nei pressi di un incrocio, quando un'altra macchina s'infilò di colpo nella nostra corsia. Non c'era modo per l'altro veicolo di fermarsi in tempo ed evitare una violenta collisione. In quei pochi e preziosi secondi che mi rimanevano, tutto ciò a cui riuscii a pensare fu che stavamo per essere uccise. Piena di paura, realizzai che mio marito sarebbe morto solo, senza di noi, ma che nella morte saremmo stati tutti insieme: mio marito, mia figlia e io.
Non saprei dire quanto tempo passò dal momento in cui presi consapevolezza dello scontro a quello in cui si verificò un evento incredibile, ma dev'essere stato prossimo all'immediatezza. Mentre mi preparavo mentalmente all'impatto, all'improvviso mi accorsi che la nostra auto stava "volando", come se fosse stata sollevata e messa al sicuro. Accadde tutto molto in fretta, e non riuscivo a credere quanto stava succedendo, né potevo capirlo.
Ci fu un completo silenzio, come se il tempo si fosse fermato. Subito diventai di nuovo cosciente di ciò che mi circondava e continuai a guidare sulla strada verso casa. Più e più volte ho ripercorso questo miracolo nella memoria.
Non posso dire di aver visto un angelo, quando io e mia figlia siamo state "salvate", ma ho sentito una presenza angelica irradiare una potente energia di amore e protezione. Credo proprio che l'arcangelo Michele fosse con noi.

> Ora so per certo che la morte di mio marito è stata una transizione dalla Terra alla casa dei Cieli, dopo una vita completa qui. Allo stesso tempo, fu la nascita della mia coscienza spirituale e l'inizio di un nuovo viaggio per trovare il mio scopo. La mia vita è stata toccata dalla bellezza degli angeli, che pare non mi abbiano mai lasciato.
> In questi giorni, mentre guido, con la coda dell'occhio o nella mia immaginazione, vedo tre grandi angeli seduti sul sedile posteriore. Sembrano schiacciati uno contro l'altro, come se non ci fosse abbastanza spazio per le loro ali. Ogni volta vederli è incredibile ed emozionante. In effetti, spesso mi riesce difficile non ridere, come se in un certo senso fosse una cosa divertente. Sicuramente ciò infonde in me la speranza nell'aldilà, dove tutti ci ricongiungeremo di nuovo con i nostri cari.

Anche se gli angeli hanno le ali, non le usano per volare come uccelli. Per "volare" s'intende la loro capacità di essere presenti all'istante, ovunque ci sia bisogno di loro; ed essendo esseri infiniti e immateriali, gli angeli come Michele possono trovarsi insieme a migliaia di persone contemporaneamente.

Dal momento che le loro doti sfidano la forza di gravità, le storie come quella che ci racconta Mary Pulvano non dovrebbero sorprenderci. Dopotutto, se possono volare, perché non dovrebbero anche essere in grado di sollevare un'auto e trasportarla altrove?

Avevo appena preso la patente e, come ogni giovane, correvo più di quanto avrei dovuto. Una notte in particolare ero sulla strada di casa a un incrocio molto trafficato, in attesa che il semaforo diventasse verde. Appena scattò, spinsi con il piede sull'acceleratore e partii.
Cosa accadde poi mi lascia ancora perplessa. Tutto ciò che ricordo è che svoltai in una strada trafficata e l'attraversai per raggiungere il lato opposto. Ma mi ritrovai con la macchina nel bel mezzo del traffico, con altri veicoli e un grosso tram diretti verso di me.
Pensai che sarei morta, così chiusi gli occhi e dissi: "Arcangelo Michele aiutami, ti prego!".
L'altra cosa che ricordo è che quando li riaprii rimasi sbalordita da ciò che vidi: la mia auto aveva in qualche modo superato il traffico ed evitato il tram, ed era al sicuro sul lato opposto della strada. Neanche un graffio, e per fortuna nessun ferito.
Credo che quel giorno sia stato l'arcangelo Michele a salvarmi, perché non era ancora arrivata la mia ora. So che lui è sempre al mio fianco.

Oltre a spostare in un attimo le auto e a farle volare, Michele può alterare la direzione di una rotta di collisione, come è successo a un uomo di nome J.L. Williams:

Quando viaggio, chiedo sempre all'arcangelo Michele di proteggermi. In risposta a un monito in-

> teriore, un giorno lo invocai mentre guidavo ed ero pronto a sorpassare un furgoncino.
> Non feci in tempo a terminare la preghiera che il furgoncino svoltò a destra, proprio in quel momento. Immediatamente fu come se una mano gigante lo afferrasse e lo raddrizzasse. Ho ascoltato la mia voce interiore e pregato, e oggi sono qui a raccontarti questa storia.
> Inutile dire che non ho dubbi che sia stato l'arcangelo Michele a proteggermi.

Per quanto le abilità di Michele siano soprannaturali, forse ci sta dando un'idea del nostro potenziale umano inutilizzato. Mi piacerebbe molto vedere fisici e scienziati studiare questo genere di esperienze, per offrirci spunti sulla levitazione e su altre prodezze di cui beneficeremmo tutti.

La storia di Jeanna Lejk potrebbe far rabbrividire gli amanti degli animali; in ogni caso, non preoccuparti, sono convinta che l'arcangelo Michele vegliò non solo su Jeanna ma anche sul cervo in questione. L'arcangelo si prende cura degli animali *e* degli umani, quindi non ho dubbi che salvaguardò l'animale grazie alle sue abilità miracolose:

> Quando viaggio da pendolare, amo percorrere una strada panoramica di campagna che però preoccupa il mio ragazzo e la mia famiglia perché pensano sia pericolosa. Dico sempre le mie preghiere e chiedo all'arcangelo Michele di proteggere me e la mia auto, così mi sento completamente al sicuro. La

strada a due corsie ha molti tornanti e dirupi insidiosi, ma io mi concentro sempre sulla vista degli alberi, dei pascoli e delle montagne.

Una notte ero sulla via del ritorno a velocità sostenuta, ascoltavo la radio chiedendomi cosa ci sarebbe stato per cena. Mentre mi avvicinavo a una curva a gomito, un cervo imponente si fermò in mezzo alla strada. Considerai alla svelta due opzioni: il dirupo sulla destra e l'altra corsia e la montagna alla mia sinistra. Ma alla fine non ebbi il tempo di reagire, accadde tutto così in fretta... Colpii quel povero cervo, che spinse la mia auto sulla strada sterrata e verso il burrone.

All'improvviso ebbi la sensazione che la mia auto venisse sospinta di nuovo indietro, sulla strada. Tutto quello che ricordo è l'incredibile forza che ho percepito. La mia macchina era ritornata in carreggiata come se non ne avessi mai perso il controllo. Pregai che il cervo stesse bene e che si fosse messo in salvo nei boschi. Anche se l'auto era stata parecchio danneggiata, fui in grado di guidare fino a casa. Grazie arcangelo Michele per la tua presenza costante nelle nostre vite.

Queste storie ci ricordano che il Cielo ha molti sistemi creativi per aiutarci. Quando chiediamo assistenza, non preoccupiamoci di come le nostre preghiere saranno ascoltate, perché il metodo scelto potrebbe sfidare completamente la logica.

Con l'aiuto di Michele sei protetto e al sicuro

Nei miracoli di Michele, la forza e il potere d'infrangere le leggi di gravità non riguardano solo la manovra dei veicoli. Altera, disfa e blocca la fonte delle nostre paure. Non importa quale sia la situazione, Michele può sempre proteggerci, come ha scoperto Brenda L. Hann:

> Vivo in un appartamento a Los Angeles, senza garage. Una notte stavo camminando dalla mia auto verso casa, quando notai un grosso pastore tedesco che bloccava l'ingresso del cancello. Se mi avvicinavo, il cane mostrava segni di tensione e la postura del corpo cambiava in atteggiamento di attacco. I suoi occhi erano fissi su di me, le orecchie tese, l'aria spaventata. Era una bella bestia, con lunghi arti, e forse sarebbe stato più alto di me se si fosse drizzato sulle zampe posteriori.
>
> Quando fui a un metro da lui, il cane prese ad agitarsi. Cominciò a ringhiare e ad abbaiare con molta aggressività e le orecchie abbassate. Era pronto a saltarmi addosso, quando con la mente invocai: "Michele!". Accadde l'incredibile: tutti i rumori e i movimenti si fermarono e il cane indietreggiò dal marciapiede alla strada, dove continuò ad abbaiare come un matto fino al momento in cui finalmente scappò via.
>
> Varcai la soglia d'ingresso, pregando Michele di tenerlo lontano e, quando il cancello si chiuse, le mie mani tremavano e le ginocchia non mi

reggevano. Sono sicura che sia stato l'arcangelo a mettere in fuga il cane. Entrata in casa, accesi una candela per Michele, in segno di gratitudine e di riconoscenza per la sua vicinanza.

Ciò che amo della storia di Brenda è che è un perfetto esempio di come l'aiuto dell'arcangelo Michele sfugga alla logica. Per questo continuo a sottolineare che non dobbiamo preoccuparci di come lui risponderà alle nostre preghiere, perché la creatività e il potere celeste sono illimitati.

Forse ti è già capitato d'invocare gli angeli mentre sei in aereo. La storia di Christine Cowl mostra come Michele e altre creature celesti possano rendere un volo sicuro e senza problemi:

> Stavo viaggiando dal Tennessee a New York durante una stagione di forti temporali. C'erano molte turbolenze ed ero spaventata, così invocai l'arcangelo Michele e la sua Legione della Grazia per stabilizzare l'aereo e portarci a destinazione senza problemi.
> Be', gli angeli ci aiutarono davvero, perché arrivammo all'aeroporto di New York sani e salvi. Il tassista mi disse che era tutto il giorno che aspettava una corsa: eravamo, infatti, l'unico volo atterrato a New York. Tutti gli altri erano stati dirottati verso altri aeroporti.
> Ogni volta che viaggio e il volo mi spaventa, invoco sempre l'arcangelo e la sua Legione della Gra-

zia. Di conseguenza, ho sempre avuto esperienze piacevoli e miracoli, come in questo caso.

La capacità dell'arcangelo Michele di rendere un viaggio sicuro e senza problemi riguarda, ovviamente, anche gli spostamenti in auto. Come quello di una donna di nome Andrea, che invocò Michele con una prontezza che augurerei sia a te sia a me in una situazione come la sua, quando l'auto restò bloccata sulle rotaie di un treno in transito:

> Stavo attraversando in auto i binari, quando sentii sopraggiungere un treno a grande velocità. Fu del tutto inaspettato, dato che le sbarre del passaggio a livello e i semafori erano guasti. Le macchine dietro e davanti a me erano incolonnate e immobili, quindi non potevo allontanarmi dai binari.
> Gridai: "Arcangelo Michele, fermalo! Fermalo, Michele!". Per miracolo, la vettura di fronte a me partì e io spinsi il piede sull'acceleratore, sentendo il vuoto d'aria creato dallo spostamento del treno al suo passaggio.
> Le mie esperienze con l'arcangelo Michele sono state tante negli anni, e sempre in auto. Quando invoco il suo aiuto riesco a uscire incolume da situazioni che potrebbero avere un esito fatale.

Non solo l'arcangelo provvede alla nostra sicurezza quando guidiamo, ma protegge anche la nostra auto e altri beni, come Donna Murray ha sperimentato di persona:

È da così tanto tempo che invoco la protezione di Michele, che per me è automatico pronunciare il suo nome per ogni piccola cosa. Ogni volta che prendo la macchina, chiedo a Michele di circondarmi con la sua luce bianca d'amore, forza e protezione. Gli chiedo anche di aiutarmi a non colpire niente e nessuno, e che gli altri facciano lo stesso con me.
Un giorno mio figlio era con un suo amico, che ci aveva fatto visita. Quando la madre venne a riprenderlo, ci fermammo nel vialetto a parlare cinque minuti. Poi lei risalì in auto per andarsene: mi accorsi, però, che stava facendo retromarcia contro la mia macchina. Ebbi solo il tempo di dire "Michele" mentre il suo parafango scricchiolava contro il mio.
Si spostò subito in avanti, scese di corsa dall'auto e urlò: "Oh Cielo! Cosa ho combinato!". Ma quando controllammo, non c'era né un'ammaccatura né graffi. Così scoppiai a ridere e dissi: "Grazie Michele!".

Ognuna di queste storie è un incredibile promemoria per ricordarci che, se ci rivolgiamo a Michele, lui è in grado di proteggerci in tutti i modi. Possiamo anche chiedergli di prendersi cura dei nostri cari. È vero che l'arcangelo non può aiutare qualcuno contro la sua volontà, può però fornire una barriera protettiva e una guida con la propria presenza. Nella storia che segue, Lynne Martin ricorda come chiese a Michele protezione per il figlio:

Da tempo ormai invoco l'arcangelo Michele ogni giorno perché protegga con amore me e la mia famiglia. La sera i miei figli adolescenti vogliono andare nei locali notturni, ma frequentare alcune zone della città è molto pericoloso. Per questo ripongo tutta la mia fiducia sull'aiuto inestimabile di Michele che non mi delude mai.
Mio figlio rientra di solito alle due del mattino. Ogni volta, senza mai sbagliarmi, mi sveglio trenta minuti prima del suo arrivo, e automaticamente prego l'arcangelo Michele perché lo protegga.
Una notte non mi svegliai e, quando fu l'alba, attorno alle cinque, andai nel panico, non sapendo se mio figlio fosse al sicuro né dove si trovasse. Corsi in camera sua e vidi che non c'era. Provai a chiamarlo sul cellulare, ma non rispondeva nessuno. Così mi sedetti, feci un profondo respiro e decisi di rilassarmi e di parlare con l'arcangelo Michele. Lo chiamai: "Oh Michele caro, solo tu puoi aiutarmi adesso. So che ti stai prendendo cura di mio figlio e mi fido di te, quindi fammi sapere se va tutto bene."
Nel giro di tre minuti secchi, mio figlio mi telefonò per dirmi che aveva accompagnato un paio di amici a casa e che si era addormentato, ma che presto sarebbe rientrato. Il mio primo pensiero fu: "Oh grazie, Michele! Ti voglio bene!".

Credo che sia stato Michele a guidare il figlio di Lynne a chiamarla. Solo la forza dell'arcangelo avrebbe potuto raggiungere un adolescente con tante cose per la testa e ricordargli il proprio dovere. Credo anche che le preghiere che Lynne dice trenta minuti prima dell'arrivo del figlio lo proteggano ogni sera quando esce dai locali.

Anche la seguente storia di Tania Rome mostra che possiamo chiedere all'arcangelo Michele di aiutare altre persone:

> Qualche mese fa, il mio ragazzo Arran subì il furto della bicicletta davanti al nostro appartamento, nel cuore della notte. Il ladro aveva tagliato la catena ed eravamo sorpresi di non aver sentito niente. Dove viviamo sono state rubate molte bici ed è raro ritrovarle, così chiesi all'arcangelo Michele di farci ritrovare la sua. Con grande stupore di Arran, la polizia telefonò tre ore dopo per dire che l'avevano ritrovata. Era stata abbandonata in un parcheggio, senza un graffio.
> Le persone a cui l'ho raccontato sono rimaste impressionate o hanno commentato che era insolito e che eravamo stati molto fortunati. Non potevo rispondere che avevo chiesto aiuto all'arcangelo Michele, perché nessuno di loro crede in queste cose, ma dentro di me so che la fortuna non c'entra niente.

La storia di Tania è un altro esempio di come Michele sia un campione di giustizia. Essendo un difensore della verità, protegge chi è stato accusato ingiustamente, come racconta Maura Canty, quando l'arcangelo la sostenne in una controversia legale:

Avendo studiato metafisica per molti anni, ho lavorato anche con gli angeli. Prima della mia esperienza con Michele, per me era stata dura chiedere sostegno a queste creature celesti: all'inizio non ero sicura che esistessero e comunque facevo fatica a chiedere aiuto a chiunque. Inoltre non sentivo di avere il diritto di assillare il Cielo con i miei problemi o per richiedere assistenza. Eppure, quando ebbi bisogno di loro, in un modo che non mi era mai capitato prima, cominciai a credere sul serio che Michele mi stesse proteggendo.

Anni fa lavoravo presso una società finanziaria e avevo un'assistente che si dedicava ai prestiti immobiliari. Ero sempre molto impegnata e non avevo il tempo per controllare l'operato della mia collega. Perciò non avevo idea che stesse commettendo una frode sotto il mio naso.

Un giorno ricevetti una chiamata dall'FBI, che diceva che dovevo presentarmi di fronte al Gran Giurì per un'accusa di frode contro il governo. Ero terrorizzata! Sapevo di essere innocente, così contattai un legale che mi mise al corrente della gravità della situazione. Un agente l'aveva informato che sarei stata di sicuro incriminata.

Ingaggiai l'avvocato migliore in circolazione. Anche lui mi disse la stessa cosa: "Parla con la tua famiglia e prendi provvedimenti per tuo figlio, perché di certo sarai accusata. Dovremo batterci e la mia tariffa è di 30.000 dollari." L'avvocato mi

spiegò che se perdevamo avrei scontato dai cinque agli otto anni di prigione.
Ero innocente e lo sapevo, eppure mi stava sfuggendo tutto di mano. Per fortuna mi ricordai degli angeli.
Invocai l'arcangelo Michele, accesi candele blu in suo onore (dato che è il colore a lui associato), e gli chiesi di avvolgermi con le sue ali e di proteggermi da false accuse, in modo che la verità venisse a galla. Ogni giorno gli chiedevo di starmi al fianco e di proteggermi. Mandai mio figlio a casa di alcuni parenti in attesa di essere arrestata. Furono momenti terribili, ma confidavo che Michele mi avrebbe protetto e che la verità sarebbe venuta fuori.
Be', la mia fiducia fu ricompensata: il mio avvocato e tutte le parti coinvolte non potevano credere che avessi ottenuto l'assoluzione, perché l'agente cui era stato assegnato il caso era convinto della mia colpevolezza. Anche il mio nome restò fuori dall'intero scandalo. La mia vecchia assistente fu invece incriminata, e al momento sta scontando la pena.
Tutto quello che posso dire è che so che l'arcangelo Michele mi ha salvato la vita. Ha protetto me e mio figlio, che tra l'altro si chiama Michele anche lui. Ciò ha rinforzato il mio credo nel reame angelico e, da allora, parlo a tutti dei messaggeri celesti e della mia esperienza con loro. Grazie arcangelo Michele.

Michele è sempre al nostro fianco, a vegliare su di noi e sull'intero Pianeta. Come ho detto più volte, ha una capacità illimitata di essere con noi in simultanea, donando la sua attenzione totale, unica e individualizzata a chiunque la richieda.

Nel capitolo successivo esamineremo l'incredibile capacità dell'arcangelo Michele di offrire aiuto tramite altre persone e, a volte, è l'angelo stesso ad apparire in fattezze umane.

CAPITOLO 5

UN AIUTO UMANO

A volte Michele non si limita a intervenire in una situazione e a risolverla restando invisibile. Ci sono occasioni in cui è necessario un aiuto terreno e in questo capitolo scoprirai due possibili tipi di interventi umani guidati dal Cielo. Nel primo caso, Michele invia persone in carne e ossa per rispondere alle preghiere; nel secondo, a quanto pare, è l'arcangelo ad assumere fattezze umane. Appare dal nulla per offrire assistenza straordinaria e poi sparisce senza lasciare traccia.

Michele invia persone in nostro aiuto

Se hai mai avuto l'impulso di aiutare uno sconosciuto, potresti essere stato un membro temporaneo e inconsapevole della schiera di aiutanti di Michele. L'infinita saggezza che governa tutte le creature celesti, Michele compreso, ha soluzioni immediate e ingegnose per chi prega. A volte queste risposte coinvolgono esseri umani che intervengono a soccorrere altre persone bisognose. Molto spesso i salvatori si chiamano Michael [o Michele], come mi accorsi quando invocai l'aiuto del Cielo durante un soggiorno ad Adelaide, in Australia.

Stavo eseguendo alcuni esercizi per gli addominali e a un tratto feci un movimento sbagliato con la schiena. Provai un gran dolore e sapevo che un professionista avrebbe potuto rimettermi in sesto velocemente. Mio marito Steven e io pregammo insieme per trovare un buon chiropratico del posto. Mi spaventava il pensiero di sceglierne uno a caso, non potendo farmi consigliare da nessuno, in una città e in un Paese straniero. "Per favore angeli" pregai "aiutatemi a trovare qualcuno in grado di sistemare la mia schiena senza medicinali o raggi X, e in una sola seduta."

Chiedemmo aiuto allo staff dell'albergo e un'ora dopo il portiere ci disse che aveva avuto problemi a trovare un chiropratico libero in giornata. Poi puntò il dito sull'elenco telefonico e disse: "C'è un ultimo dottore. Adesso lo chiamo e vi faccio sapere."

Sedevamo ai tavoli del ristorante dell'albergo per la prima colazione, quando il portiere entrò con fare concitato per dirci che l'ultimo chiropratico contattato aveva appena ricevuto la disdetta dell'appuntamento delle 15.30. Dato che il mio seminario si sarebbe tenuto di sera, il tempismo era assolutamente perfetto.

Mentre mi recavo all'appuntamento, pensavo preoccupata ai rischi che correvo scegliendo uno specialista a caso dall'elenco telefonico. Poi mi sentii travolgere da una sensazione di pace e forza, che mi diede la certezza di essere nelle mani divine che si sarebbero prese cura di me. Non avevo dubbi che il Creatore avesse predisposto per me un fantastico chiropratico che avrebbe risposto in tutto alle mie preghiere. In taxi, diretti verso l'appuntamento, Steven commentò: "Sono sicuro che è bravo."

Gli risposi che il Cielo aveva già pensato a tranquillizzarmi.

Mentre varcavo l'ingresso dello studio di King William Road, Steven indicò l'insegna: "Guarda come si chiama il dottore." La targa diceva: Michael Angeli. L'arcangelo Michele mi aveva protetto ancora una volta, mandandomi dal suo omonimo.

Il dottor Angeli infatti sembrava una specie di cherubino, un angelo incarnato, con grandi occhi castani e un sorriso timido. Quando gli chiesi del suo cognome, mi disse che era di origini italiane e mi spiegò il significato. Il dottor Angeli, in quell'unica seduta, rimise a posto la mia schiena senza l'ausilio di medicinali né raggi X... proprio secondo le mie richieste.

Nelle prossime storie scoprirai come alle preghiere di chi aveva bisogno sia seguita all'istante la comparsa della persona giusta al momento giusto. Non sono coincidenze misteriose, piuttosto la prova della presenza del divino e di Michele che vegliano su tutti noi.

La storia di Donna Ogozalek sottolinea il legame che l'arcangelo ha con gli agenti di polizia, dal momento che è il loro santo patrono. Credo che Michele ispiri le forze dell'ordine a tener fede ad alti livelli di integrità e servizio:

Mia figlia di cinque anni, la sua amichetta e io eravamo sedute in una gelateria a gustarci il nostro cono. Stava facendo buio e nel negozio eravamo sole, a parte gli impiegati dietro il bancone. Due ragazzi adolescenti con aria da bulli entrarono e ordinarono un gelato. Si sedettero accanto a noi, urtando di proposito la mia sedia. A dire il vero, accadde per ben due volte.

Verificai, ma era chiaro che l'avevano fatto apposta e che non stavano scherzando. Ci tenevano d'occhio con sguardi minacciosi. Li sentii dire: "Le prendiamo quando escono."

In preda al panico, guardai le bambine, ignare di quanto stava accadendo. Mi chiedevo come avrei potuto tornare alla macchina in tutta sicurezza per metterle sui seggiolini. Che cosa avevano in mente quei ragazzini? Avrei dovuto avvertire il personale della gelateria?

Decisi di chiedere protezione all'arcangelo Michele perché ci aiutasse a tornare a casa sane e salve. Nel giro di qualche secondo non potei credere ai mei occhi: vidi entrare un agente di polizia. Presi in fretta le bambine e uscimmo dal locale. Sapevo che eravamo appena state salvate dal Creatore e dall'arcangelo Michele. Il Cielo ci ha protette e ne sono davvero grata.

Sono convinta che sia stato Michele a spingere l'agente di polizia in quella direzione per rispondere alla richiesta di protezione di Donna.

L'arcangelo deve aver anticipato anche le preghiere di Tina Crandall, dal momento che si assicurò che ci fosse un esperto di orsi nei paraggi, quando la donna aveva bisogno di informazioni e aiuto:

> Vivo vicino a una riserva forestale di circa 1.200 ettari. È un posto magico, con un fiume, laghetti, alberi rigogliosi e molti sentieri per passeggiare. È proibito cacciare, pescare e accamparsi; sul cartello all'ingresso, ai visitatori viene suggerito di "non portarsi via altro che fotografie e di non lasciare altro che impronte".
>
> Un giorno uscii a fare una passeggiata nella riserva, per connettermi con gli angeli e la natura. Ma come mi addentrai, cominciai a pensare agli orsi, preoccupata. Il punto è che il paese e l'area circostante è piena di questi animali. Capita di frequente che entrino nei cortili delle case. Visto che era primavera, era probabile incontrare mamme orse che proteggevano con aggressività i propri cuccioli. In più, quel giorno non c'era anima viva in giro. Più camminavo, più mi sentivo vulnerabile.
>
> Ero anche arrabbiata che le mie paure stessero rovinando la mia passeggiata, altrimenti tranquilla. Così, cominciai a pregare. Chiesi al divino di inviarmi l'angelo Michele perché mi proteggesse. Un paio di volte tornai anche indietro, ossessionata dalle mie paranoie. Mi ricordai poi delle carte di Doreen, dedicate all'arcangelo Michele, e in

particolare della carta "Sei al sicuro". Doreen dice che la protezione di Michele è infallibile. Mi ripetevo: "Sei al sicuro" e continuavo a camminare.
Un minuto dopo, un signore anziano mi venne incontro lungo la strada. Ci fermammo a scambiare due parole sulla bellezza di quella mattina. Disse che c'era un cervo poco distante da lì, nella direzione in cui stavo andando. Commentai che mi sarebbe piaciuto vederne uno, ma che ero preoccupata di imbattermi in un orso.
L'uomo mi spiegò che una volta aveva prestato servizio come guardia forestale della riserva e che la moglie passeggiava spesso per quei sentieri, anche lei con la paura degli orsi. Mi diede qualche consiglio su come evitarli e su come proteggermi se ne avessi visto uno. Mi fu di grande aiuto e mi rilassai.
Mentre prendevamo direzioni diverse, mi sentii sollevata da quell'incontro e realizzai che l'arcangelo Michele doveva aver messo quell'uomo sul mio sentiero. Dopotutto, quante probabilità c'erano di incontrare un'ex guardia forestale esperta di fauna locale nel momento esatto in cui ero preoccupata per gli orsi? Mi sentii proprio fortunata.

Michele invia persone in nostro aiuto quando ci troviamo in situazioni difficili e non riusciamo a udire né a percepire la presenza e la guida degli angeli. Così come Tina incontrò un uomo pronto ad aiutarla durante la sua passeggiata, Vickie Kissel ottenne risposta alle proprie preghiere mentre scalava una montagna:

> Avevo ricevuto molti segni che mi spingevano ad andare a Sedona, in Arizona, ma all'inizio opposi resistenza all'idea. Avevo la sensazione che la mia anima stesse morendo e avevo bisogno di intraprendere un pellegrinaggio spirituale, così alla fine mi decisi a investire il mio denaro in quel viaggio.
>
> Non sapevo cosa cercassi a Sedona, così, per cominciare, prenotai diverse sedute di guarigione energetica. Andarono tutte bene, ma ancora sentivo che c'era dell'altro da apprendere. L'ultimo giorno mi prefissai di scalare l'imponente e bellissima montagna rossa conosciuta come "Bell Rock". Guidai fino a un parcheggio lì vicino, quando mi accorsi che ero nel posto sbagliato.
>
> Dopo 90 minuti di camminata a una temperatura di 40 gradi, ero a corto d'acqua quanto di tempo prima di prendere il volo di ritorno. Per fortuna, però, raggiunsi la Bell Rock. I miei occhi furono rapiti dalla magnificenza dell'enorme montagna, ma cominciarono a riempirsi di lacrime quando realizzai che non sapevo come scalarla.
>
> Chiusi gli occhi e inviai un messaggio all'arcangelo Michele: "Aiuto Michele! Non posso farcela da sola e significa molto per me riuscire a scalarla." Li riaprii e contemplai la bellezza di quella meraviglia

naturale davanti a me, temendo però la lunga e torrida discesa verso la macchina, sconfitta.
Alcuni momenti dopo, si avvicinò un uomo che cominciò a parlarmi. Mi chiese se avessi intenzione di scalare la Bell Rock. Ne avevo abbastanza, così mi sfogai, raccontandogli tutta la mia storia, di quanto fossi esausta e che non sapevo nemmeno come arrivare in cima.
Mi ascoltò con pazienza, poi mi disse che scalava quella montagna almeno una volta alla settimana e mi chiese se avevo bisogno del suo aiuto. In quel momento imparai la mia prima lezione: chiedi assistenza agli angeli.
Scioccata che le mie preghiere avessero ricevuto una risposta così rapida, accettai l'offerta. Di solito sono molto cauta con gli estranei, soprattutto se uomini, ma in quel caso mi sentivo tranquilla nell'accogliere il suo aiuto. Sapevo che potevo fidarmi. Ecco la mia seconda lezione: impara a fidarti delle intuizioni.
Proseguendo lungo il sentiero alla base della montagna, mi voltai per chiedergli quale fosse il suo nome.
"Michael" rispose.
Cominciai a ridere, così lui mi domandò il perché. Gli raccontai dell'arcangelo Michele e di come gli avessi appena chiesto aiuto per la scalata. Ne fu intrigato e volle saperne di più. Mentre camminavamo, gli trasmisi le (allora) piuttosto limitate conoscenze che avevo al riguardo.

Salendo sempre più in alto, cominciammo a parlare di noi. Raggiungemmo un punto oltre cui non sarei andata senza la sua assistenza. Gli presi la mano e mi arrampicai sulla cresta. Mi rassicurava sapere che era con me. Diverse volte dovetti fermarmi per riposare. Per Michael non era un problema: "Prenditi tutto il tempo che ti serve" mi diceva.
Non immaginava quanto fossi terrorizzata da quelle altezze (oppure, se l'era tenuto per sé). Man mano che l'altitudine cresceva, sentivo la necessità di fermarmi per riprendere fiato e superare la paura. "Arcangelo Michele" pregai tra le labbra, "aiutami a superare i miei timori affinché possa raggiungere la cima." A quel punto, circondata da un senso di pace e sicurezza, fui pronta a ripartire. Affrontare le mie paure mi diede il coraggio di superarle.
Eravamo a circa trenta metri dalla cima della Bell Rock. Ora scalare era diventato particolarmente difficile e molto più spaventoso. Guardando in basso, calcolai almeno quindici metri di strapiombo. Chiesi a Michael di fermarci, perché non sapevo se ce l'avrei fatta. Fu molto comprensivo e mi disse che tante persone non erano arrivate neppure dove mi trovavo io, quindi potevamo tranquillamente tornare indietro, se lo desideravo.
Ci pensai per un attimo. Volevo raggiungere la cima. Feci un respiro profondo e scacciai la paura invocando Michele ancora una volta: "Arcangelo Michele" pronunciai in silenzio, "ho molta pau-

ra, ho bisogno di aiuto." Mi sentii travolgere da un'ondata di coraggio, mentre una vocina mi sussurrava: "Puoi farcela, sono con te. Ti tengo io." Prima che cambiassi idea, dissi al mio compagno di scalata: "Diamoci dentro! Arriveremo in cima!" e in pochi minuti raggiungemmo la vetta. Le mie gambe tremavano come quelle di un puledro appena nato e respiravo con affanno. Mi guardai attorno, oltre l'imponente roccia rossa, consapevole che non ero mai stata sola. Con l'aiuto degli angeli niente è eccessivo o di poco conto, ogni sogno è possibile. Devi solo crederci.
Anche se il Michael che mi portò in cima era un uomo in carne e ossa, nel mio cuore so che ogni passo è stato accompagnato dall'arcangelo Michele. Spesso parlo ancora con lui, e gli ho chiesto di vegliare sul mio percorso di guarigione. Quando un amico o qualcuno viene da me in cerca di aiuto, mi rivolgo subito all'arcangelo. Mi ha guidata con dolcezza e ho ricevuto molte benedizioni da lui e da tutto il regno angelico.

Michele può addirittura inviare un "Soccorso stradale angelico" per chi viaggia in auto, come testimonia Anna:

Stavo rientrando a casa in macchina in una notte ventosa, quando vidi qualcosa in mezzo alla strada. Ero troppo vicina per evitarlo, così l'oggetto – un secchio – s'incastrò sotto la mia auto, tra gli pneumatici. Per fortuna non c'era molto traffico, e allo stop scesi dal veicolo. Ringraziai gli angeli in anticipo perché avevo potuto fermarmi per rimuovere il secchio, ma quando mi accorsi che non riuscivo a estrarlo, decisi di accostare l'auto a lato della strada e di chiamare mio padre perché venisse ad aiutarmi. Chiesi aiuto anche all'arcangelo Michele, per quanto, a dire il vero, un po' mi seccava non avercela fatta da sola.

Ero sul punto di telefonare, quando un furgone si fermò e i due uomini che erano al volante mi offrirono il loro aiuto. Accettai subito: sollevarono l'auto e rimossero il secchio. In quel momento, realizzai che gli angeli avevano risposto alla mia richiesta di soccorso.

Mentre i due uomini riponevano gli strumenti, cominciammo a chiacchierare. Uno di loro mi disse che si chiamava Abdul e che l'altro era suo fratello, appena arrivato in Australia dal Libano. Il suo nome era Michael! Aggiunse poi che era stato il fratello a vedermi lungo il ciglio della strada e a dirgli di fermarsi per aiutarmi. Ringraziai profusamente i miei soccorritori... e ovviamente anche l'arcangelo Michele.

In molte storie sugli angeli (come nella mia esperienza con il chiropratico e nel salvataggio di Anna), la persona che, come per miracolo, offre assistenza si chiama Michele. Forse perché chi porta il nome dell'arcangelo – Michele,

Michael, Michelle, Mikael e così via – collabora a stretto contatto con lui.

Racconti come quello di Anna e il successivo, di Lisa Grubb, ci ricordano che non siamo mai soli, nemmeno quando il veicolo che stiamo guidando si ferma nel bel mezzo del nulla:

> Ero da poco in una relazione con una donna che non credeva negli angeli né nell'intervento divino. Le nostre diverse convinzioni spirituali creavano tensioni tra noi, così decidemmo di fare una vacanza per capire se potevamo superare il problema. Trovammo un delizioso hotel sulla costa, a due ore da Sydney, dove il proprietario ci consigliò di raggiungere in fuoristrada le spiagge più isolate. La mia compagna e io eravamo entusiaste di quell'idea, pensando alle lunghe chiacchierate che avremmo fatto durante il tragitto.
>
> Seguimmo la strada finché non avvistammo un segnale che diceva: ACCESSO VIETATO ALLA SPIAGGIA. Ma sapevamo che l'acqua era subito dietro la curva. Così ignorammo il segnale e proseguimmo per altri cento metri, ma presto realizzammo che la sabbia in quel punto sprofondava. Facemmo manovra per tornare indietro, ma il veicolo s'infossava sempre di più. Dopo venti minuti di tentativi frustranti per uscirne fuori, continuavamo ad affondare. La mia compagna insisteva che sarei dovuta andare a chiedere aiuto.

Feci un respiro profondo, chinai la testa sul volante, chiusi gli occhi e ad alta voce domandai all'arcangelo Michele di aiutarci, in quel preciso istante! Prima che la mia compagna potesse finire di brontolare: "Cosa credi che farà?", ero fuori a parlare con quattro uomini apparsi all'improvviso, che ci chiedevano se avessimo bisogno di aiuto.

Stavano correndo sulla spiaggia per prepararsi a una gara e si diedero da fare finché la vettura non fu liberata e riportata sulla strada principale. Fu proprio una benedizione: non solo ciò mi evitò di andare a piedi fino in città per cercare soccorso, ma mi aiutò anche a far comprendere alla mia compagna perché confido così tanto negli angeli.

Michele ci invia persone pronte ad aiutarci quando siamo in viaggio, perciò è una buona idea chiedergli assistenza quando ti prepari a partire. Può agevolare le prenotazioni dell'aereo e dell'hotel e semplificarti ogni fase del viaggio.

L'arcangelo soccorre anche i viaggiatori rimasti a piedi, come capitò a Gigi Stybr e al marito, durante una vacanza in un Paese straniero:

Era il nostro ultimo giorno all'estero. Mio marito e io cenammo presto e con gusto in un ristorante rinomato della capitale. Il volo per gli Stati Uniti sarebbe decollato il giorno seguente alle 7 del mattino. Significava alzarci presto, per cui chiedemmo alla reception dell'hotel di chiamarci un taxi che ci prelevasse alle 4.30 e ci portasse all'aeroporto.

Il giorno dopo eravamo con le nostre valigie ad aspettare fuori dell'hotel. Alle 4.35, arrivò un'auto nera in cattivo stato da cui scese un autista, in condizioni non certo migliori, che prese i nostri bagagli e li sistemò nel baule. A quell'ora, in tutta la città non si vedeva anima viva. Anche i lampioni erano spenti.

Presto ci accorgemmo che eravamo su un taxi abusivo, ma a quel punto ci interessava solo arrivare in aeroporto in tempo.

Com'era prevedibile, l'auto andò in panne e si arrestò, lasciandoci a piedi. L'autista si preoccupava solo del guasto al suo veicolo, non gli importava che perdessimo l'aereo. Mio marito e io ci guardammo attorno. Non c'era una sola macchina per strada e tutti i palazzi erano al buio. Solo le stelle sopra di noi brillavano come splendidi diamanti. Giù, in fondo alla strada, un'insegna illuminata diceva: HOTEL. Dissi a mio marito: "Vai lì a chiedere aiuto." Partì subito, mentre io rimasi sul marciapiede con i bagagli. All'improvviso pensai: "Dev'esserci un altro modo." La mia disperazione arrivò al punto in cui vedevo tutto a rallentatore. Feci un respiro profondo e gridai dentro di me: "Arcangelo Michele, ti prego, aiutaci adesso!".

Nell'arco di pochi secondi, avvistai i fari di un'auto bianca che si fermò proprio davanti a me.

All'interno era molto luminosa. L'autista abbassò il finestrino e domandò: "Avete bisogno di un taxi?". Era un uomo giovane, biondo e con gli occhi blu. Aveva un bel sorriso dolce e sembrava circondato da una luce ultraterrena.
Mio marito ritornò in pochi minuti. Salimmo a bordo dell'auto e raggiungemmo l'aeroporto con largo anticipo.

Angeli incarnati

Le storie che seguono sono esempi importanti della portentosa abilità di Michele di proteggerci in ogni situazione. Ha la capacità di apparire in forma umana e poi di sparire senza lasciare traccia. In alcuni di questi racconti, credo che il Creatore e Michele abbiano inviato un angelo incarnatosi temporaneamente, in forma umana, sotto le spoglie di una persona pronta ad aiutare.

Nella storia di Robyn Holmes, la persona in questione aveva tutte le caratteristiche di un angelo incarnato:

- apparve all'improvviso, dal nulla, in risposta a una preghiera d'aiuto;
- mostrò una forza straordinaria;
- sparì senza lasciare traccia, prima che qualcuno potesse ringraziarlo.

Stavo spingendo verso la mia auto un carrello della spesa contenente gli scatoloni con le parti di una scrivania da assemblare. Raggiunto il veicolo, faticai per sollevare il pesante imballo. S'incastrò nel carrello, che s'inclinò su due ruote, bloccandomi il ginocchio che mi ero operata di recente contro il gancio del rimorchio. Ero proprio in difficoltà.

Mi guardai attorno in cerca di qualcuno che potesse aiutarmi, ma non c'era anima viva nell'intero parcheggio. E visto che il dolore era lancinante, in silenzio pregai: "Angelo Michele, ho bisogno di aiuto, ho bisogno di te, proprio adesso!".

Subito dopo, una voce dietro di me disse: "Ti serve aiuto, proprio adesso!". L'uomo sollevò l'imballo come fosse una piuma e lo sistemò nella mia auto. Sorridendo, se ne andò passando tra due macchine parcheggiate... senza sbucare dall'altro lato.

Salii in auto e dissi una preghiera di ringraziamento all'arcangelo Michele per l'aiuto e per l'angelico aiutante. So che non c'era nessuno, né dietro di me né da nessun'altra parte, perché mi ero guardata intorno, credimi. Il Cielo benedica l'arcangelo Michele, che quando lo invochiamo è sempre a nostra disposizione.

La quarta caratteristica degli angeli incarnati, a detta di chi li ha incontrati, è il loro modo di apparire, insolito e stravagante. Alcune persone li descrivono come molto ben vestiti, mentre altri come ricoperti di stracci. In ogni caso, i loro abiti sono sempre unici.

In molti dipinti e visioni, l'arcangelo Michele appare biondo e abbronzato, con lineamenti nordici. Credo che il motivo principale per cui la maggior parte delle persone vede Michele biondo sia per via dell'aura dorata, e non perché appartenga a qualche ceppo etnico particolare (dal momento che non ha un corpo).

La sorella di Cheryl Brooks fu salvata proprio da un angelo biondo:

> Mia sorella Kathy stava guidando lungo la via e per sbaglio finì in un fosso accanto alla strada. Quando tentò di fare marcia indietro, l'auto non si mosse. Non passò molto tempo che un uomo massiccio, dai capelli biondi, venne a salvarla. Subito spostò il veicolo dal fosso, con grande meraviglia di Kathy. Quando mia sorella si voltò per ringraziarlo... be', era svanito. Kathy non ha mai detto che a salvarla fu l'arcangelo Michele. Però, è quello che penso io.

Nella storia che segue, Ann O'Donovan racconta che il suo angelo salvatore non solo era un bell'uomo biondo, ma si chiamava anche Michele.

> Durante una vacanza a Creta, decisi di prendere un autobus per visitare alcuni amici per pranzo fino a sera. I miei amici si offrirono di riaccompagnarmi nella città in cui pernottavo, ma declinai, visto che vivevano a due ore di distanza, sull'altro lato dell'isola. Non mi sembrava giusto scomodarli.

Salutati gli amici, m'incamminai verso la stazione dei taxi sulla piazza principale. Di solito la piazza è gremita a tutte le ore, ma quella notte era deserta e sembrava di essere sul set di un film western, con i rotolacampo che ruzzolano per la via principale di una città fantasma. Il vento si faceva sempre più forte e non c'era anima viva, finché non apparve una vecchina, vestita nel tradizionale abito nero greco. Mi disse: "Niente taxi?". Le risposi di no, e allora aggiunse: "Sciopero." A quel punto il mio cuore sprofondò: "Che faccio adesso?".

Chiusi gli occhi e dissi: "Caro arcangelo Michele, guarda in quale pasticcio mi trovo. Sono in un Paese straniero. Mi aiuti a tornare a Stalis, dove c'è il mio albergo?". Quando riaprii gli occhi, con grande stupore, vidi di fronte a me un bellissimo uomo biondo che mi sorrideva, in sella a una moto. Be', dal momento che ero single, pensai che tutte le mie preghiere fossero state esaudite, e non solo perché avevo trovato un passaggio.

Chiesi allora all'uomo se fosse diretto verso Stalis. Mi rispose: "Sì, ti ci porto", come se mi stesse aspettando. Mi disse poi che si chiamava Michele. Nonostante il mio fascino irlandese e la mia spigliatezza, con gli uomini divento timida. Provavo tante emozioni e pensai: "Ma che strano! Quante probabilità avevo di incontrare un Michele biondo e greco, e soprattutto in questo modo?".

Inoltre, avevo una bella sensazione. Sentivo la sua

dolcezza ed è stato bellissimo. Prendemmo la strada che costeggiava il mare, illuminata dalla luce lunare, ma ciò che mi colpì di più fu il candore delle bellissime mani del mio strepitoso compagno. Mi portò esattamente dove dovevo andare.
Quando smontai dalla moto mi cadde la borsa. Dopo averla recuperata, mi rialzai e l'uomo era scomparso, sparito. Ero dispiaciuta di non essere nemmeno riuscita a ringraziarlo.
Fu un'esperienza incredibile di cui faccio tesoro, perché sono certa che il motociclista non appartenesse a questo mondo. L'arcangelo Michele è un compagno costante e fedele, e sono grata di avere il suo amore e il suo sostegno nella mia vita.

Una donna di nome Sita sperimentò un'altra peculiarità, riferita spesso da chi racconta di incontri con gli angeli incarnati: nei giorni successivi all'evento, Sita provò a rintracciare la persona che l'aveva aiutata, ma senza risultati. Molte volte, addirittura, pare che queste persone non esistano. Ho ascoltato centinaia di storie simili a quella di Sita:

Qualche anno fa, in agosto, mia figlia, io e tre sue amiche eravamo in viaggio da Amherst a Pugwash, in Nuova Scozia. Tra le due città ci sono circa 50 chilometri, quindi pensavo di fare benzina ad Amherst, ma tra il mio entusiasmo e quello delle ragazze, me ne scordai.

A circa 15 chilometri da casa, mi accorsi che la spia indicava che ero a corto di carburante. Eravamo in una strada desolata a tarda sera, e la stazione di benzina più vicina era a Pugwash. Mi ero anche dimenticata di portare dietro il cellulare, così guidai finché non rimasi a secco, e poi accostai.

Non mi restava da fare altro che pregare. Invocai l'arcangelo Michele e lo supplicai di aiutarmi. Dopo pochi minuti, vidi un camion nello specchietto retrovisore. Io e le ragazze scendemmo dall'auto agitando le mani a più non posso. Per fortuna, il guidatore si fermò e notai che sulla fiancata riportava la scritta: DIPARTIMENTO DEI TRASPORTI DELLA NUOVA SCOZIA.

Corsi dal lato del guidatore e notai che l'uomo aveva un'età avanzata e un aspetto angelico. Gli spiegai in breve la situazione e lui sorridendo mi disse: "Ho una tanica piena di benzina sul retro." La versò nel serbatoio e rifiutò ogni pagamento. Mi disse: "No, cara, è un regalo da parte nostra."

M'invitò poi a seguirlo: ci avrebbe portato alla stazione di servizio più vicina. Ringraziai profusamente l'arcangelo Michele e l'uomo; infine arrivammo sane e salve a casa.

Il giorno seguente, passai al Dipartimento dei trasporti per ringraziare. Con mio stupore, mi risposero che l'uomo descritto era andato in pensione e che nessuno dei loro camion era in viaggio a quell'ora della sera.

Ringraziai di nuovo Michele per quel miracolo. Ogni volta che passo davanti al Dipartimento dei trasporti, prego che il Cielo li benedica. Ancora mi viene la pelle d'oca quando percorro la strada dove l'angelo mi salvò.

La storia che segue è di Nan Penn, una terapeuta di Angel Therapy, che ci mostra come l'arcangelo Michele possa assumere la forma di una voce rassicurante al telefono:

> Avevo portato la mia auto a fare la revisione e stavo aspettando che fosse pronta. Un addetto dell'officina consegnandomela azionò il motore. Entrai nella vettura e mi misi in viaggio. Mi fermai al negozio di alimentari prima di rientrare a casa. Come spensi l'auto, all'improvviso fui colta da sgomento, realizzando che le chiavi di casa e il portachiavi non c'erano. Avevo solo le chiavi della macchina.
>
> Le cercai ovunque: nel cruscotto, in ogni angolo e fessura dei sedili anteriori, ma invano. Erano le 18 passate e sapevo che ormai l'officina era chiusa. Anche se le chiavi fossero state lì e avessi potuto recuperarle quella sera stessa, ci sarebbero volute due ore di guida, e io ero stanca e affamata. Se non avessi recuperato le chiavi, però, avrei dovuto contattare un fabbro per entrare.
>
> Implorai l'aiuto degli angeli e chiamai in officina ma era chiusa.

Ero disperata. "Non c'è nessuno con cui possa parlare?" domandai agitata. La donna al telefono mi disse che c'era un'altra persona che avrebbe potuto aiutarmi.
Un attimo dopo udii una voce maschile molto piacevole: "Sono Michael, come posso aiutarla?".
Gli spiegai la situazione e mi disse che sarebbe andato in officina per recuperare le chiavi. Mentre aspettavo il ritorno di quell'uomo, pensando alla coincidenza del suo nome, implorai l'arcangelo Michele: "Per favore, aiuta il tuo omonimo a trovare le mie chiavi."
Poco tempo dopo, Michael tornò e disse al telefono: "Le tue chiavi sono nell'auto."
"Ma ho cercato ovunque" replicai.
"Le tue chiavi sono nell'auto" ripeté di nuovo.
"Non può essere. Ho guardato in ogni angolo possibile" gli dissi.
"Hai sentito quello che ti ho detto?" ripeté con un tono di voce più alto: "Le tue chiavi sono in auto." Abbassai gli occhi sulla mia borsetta e la spostai. Le mie chiavi erano lì! Erano state sempre lì o si erano magicamente materializzate nella mia macchina?
So semplicemente che è stato un miracolo e che a quel punto ero libera di rientrare a casa senza dover tornare in officina o chiamare un fabbro. Ringraziai di cuore il Creatore e l'arcangelo Michele per aver risposto alle mie preghiere, e anche

per avermi ricordato di staccare sempre le chiavi di casa dal portachiavi dell'auto e di portarle con me prima di lasciare la macchina in officina. Una lezione angelica, con un lieto fine.

Dall'alto dei Cieli, gli angeli hanno una visuale più nitida sui nostri oggetti smarriti, così l'arcangelo Michele si assicurò che la chiamata di Nan gli fosse passata, in modo da guidare la donna a ritrovare le chiavi. C'è sempre qualcuno che veglia su di noi.

L'arcangelo Michele aiuta molte persone a vivere vite più sicure e migliori, grazie all'intervento divino. Chiedo al Cielo che tu possa sempre averlo presente, se mai ti troverai ad affrontare una situazione difficile come quelle delle storie che hai letto, e che ti ricordi di invocare l'aiuto di Michele.

Nel capitolo successivo vedremo un'altra modalità che l'arcangelo adotta per sostenerci: riparando oggetti elettrici e meccanici. Di questa sua piccola specialità poco conosciuta, come presto leggerai, hanno beneficiato molte persone.

CAPITOLO 6

L'ARCANGELO AGGIUSTATUTTO

L'arcangelo Michele è venerato per la forza, il coraggio e per la protezione che offre. Molti, però, hanno scoperto un'altra sua capacità poco conosciuta: è in grado di riparare qualsiasi cosa, elettrica o meccanica. Forse questa sorta di assistenza angelica moderna viene incontro alla nuova era tecnologica. Comunque sia, credo di aver sentito molte più storie sulle riparazioni meccaniche di Michele che di altro tipo.

L'arcangelo della meccanica

Se temiamo che le riparazioni dell'auto siano un inutile spreco di tempo per l'arcangelo Michele o che siano poco dignitose, le storie che seguono ci mostrano come questi interventi salvino vite e riportino la pace, oltre a donare altri benefici.

Nel nostro mondo l'auto è fondamentale, e Michele può aiutare un numero infinito di persone allo stesso tempo, così che tutti ne traggano vantaggio senza esclusioni. L'arcangelo risponde con gioia a ogni chiamata d'aiuto, spesso con il suo tipico senso dell'umorismo, come scoprì Jenny Bryans, quando le si ruppe l'auto:

> Uno degli elementi della batteria si era corroso, così capitava spesso che l'auto si fermasse o che non volesse proprio partire. Un giorno, mentre ero in giro per alcune commissioni, all'improvviso si spense. Accostai in una traversa lì vicino e sollevai il cofano. Adesso vivo in una piccola cittadina e di solito se qualcuno rimane a piedi sul ciglio della strada si fermano tutti. Quel giorno, però, non lo fece nessuno. Erano passati di lì diversi automobilisti, ma sembravano non vedermi nemmeno. Cominciai a telefonare a qualcuno in cerca di aiuto, ma non riuscii a contattare nessuno.
>
> Grazie al Cielo mi ero fermata proprio davanti a una chiesa, così mi avvicinai alla sagrestia in cerca di qualcuno che potesse darmi una mano. Purtroppo le porte erano chiuse e non c'era nessuno nei paraggi. Decisi infine di provare nel santuario. C'erano persone che uscivano dall'edificio e diverse auto nel parcheggio, e pensai allora che avrei trovato qualcuno che mi avrebbe aiutato a far ripartire la macchina. Ma anche stavolta niente, neanche un'anima.
>
> Mi convinsi che dovevo trovare un'altra soluzione e mi venne in mente il seminario di Doreen a cui ero stata e dove avevo scoperto che l'arcangelo Michele è anche "l'angelo Aggiustatutto".
>
> Domandai allora a Michele di riparare per bene la

batteria della mia auto. Feci un respiro profondo e tornai alla macchina. Fui guidata a sedermi al volante e ad accendere il motore. Mentre eseguivo queste azioni, immaginai l'arcangelo in piedi, chino sul motore. Dopo un paio di minuti, mi sentii guidata a dare il gas: il motore si avviò senza problemi.

Ringraziai Michele e ripartii per ultimare le mie commissioni. Mentre mi rimettevo in strada, rivolsi un'occhiata alla chiesa, al cui nome non avevo prestato attenzione prima. C'era scritto: CHIESA DI SAN MICHELE. Sorridendo per la coincidenza di essermi fermata in panne proprio davanti a una chiesa con quel nome, proseguii per la mia strada.

La batteria da quel giorno non ebbe più problemi. Ora, se mai capiterà che si guasti qualcosa, chiederò a Michele di ripararlo. È più abile e a buon prezzo di qualsiasi altro meccanico o tecnico in circolazione.

È divertente che Michele abbia guidato Jenny alla chiesa che portava il suo nome. L'arcangelo non nasconde che ci sta aiutando, perché parte della sua missione di guarigione è farci sapere che non siamo soli. Quando abbiamo un'esperienza profonda con lui, i nostri dubbi sulla sua reale presenza e forza si dissipano. Il compito dell'arcangelo è portare la pace dei Cieli sulla Terra, in qualunque modo utile. A volte ciò significa dare all'auto di qualcuno una spinta per rimetterla in moto, come ricorda Monica:

Un lunedì mattina fui costretta a prendere la macchina perché avevo diversi appuntamenti molto importanti, ma il motore non voleva avviarsi, così chiusi gli occhi e invocai l'aiuto di Michele. Appena reinserii la chiave, la macchina ripartì subito.

L'arcangelo Michele è pronto a dare una mano quando un veicolo non vuole partire, specie se è una questione di sicurezza, come accadde a Helen Demetriou e al figlio:

In un pomeriggio d'inverno, stavo guidando verso casa dopo aver ritirato mio figlio alla scuola materna. Cominciò a piovere, e le strade si riempirono d'acqua nel giro di dieci minuti. Per via della pioggia, non riuscivo a vedere davanti a me, ma non c'era alcun posto dove mi sarei potuta fermare, così proseguii. Presa dalla paura invocai l'arcangelo Michele, chiedendogli di stare vicino a me e a mio figlio e di permetterci di tornare a casa sani e salvi. In auto avvertii la sua presenza, e la cosa mi fece stare meglio.

Ero spaventata, ma dal momento che anche mio figlio aveva paura, cercai di controllarmi. Ormai vicina a casa, guidai attraverso un avvallamento della strada colmo di acqua piovana. Sentii gli pneumatici perdere aderenza e l'auto sbandare. Gli altri veicoli facevano lo stesso, e temetti una collisione. Presi coraggio, decisi che sarei tornata a casa sana e salva e che gli angeli mi avrebbero aiutato. Dissi

> allora con voce decisa: "Arcangelo Michele! Ti prego aiutami, ora! Portaci a casa sani e salvi, *adesso*!". In quel momento, gli pneumatici ripresero contatto con la strada, ma il motore era andato. Così invocai ancora: "Arcangelo Michele, ti prego, riaccendi il motore, adesso", e l'auto ripartì. Avvertii poi un'enorme spinta e la macchina fu lanciata in avanti, oltre l'avvallamento, sulla collina. Il motore si spense di nuovo, ma ero abbastanza vicina a casa perché mio marito venisse a prenderci. Mentre uscivamo dalla macchina per entrare in quella di mio marito, ringraziai Michele e gli altri angeli. Fu in quel momento che abbassai lo sguardo e notai alcune piume che svolazzavano accanto alla strada.

Michele lasciò a Helen un biglietto da visita, in questo caso alcune piume, in modo che sapesse che era stato lui ad aiutarla. Dopo aver esaminato migliaia di storie simili, due cose mi sono molto chiare:

- gli angeli vogliono aiutarci a vivere più felici, sicuri e più in pace con le nostre vite;
- gli angeli vogliono farci sapere che sono con noi.

Al contrario di quanto accade con i supereroi immaginari dall'identità segreta, Michele sembra fare tutto il possibile per dirci: "Sono io che ti ho salvato." Fa parte del piano divino rassicurarci e comunicarci che siamo amati e accuditi, sempre e incondizionatamente. Il vecchio adagio secondo cui ognuno è solo al mondo è semplicemente... vecchio. Oggi sappiamo che la vita è una co-creazione con il divino, dal momento che noi siamo parte della divinità. Proprio come i genitori vogliono il meglio per i figli, così il Creatore desidera il meglio per noi.

Gli angeli mi hanno detto che il loro scopo principale è portare la pace sulla Terra, una persona alla volta. Si adoperano per ridurre lo stress, la rabbia e la paura. Mi hanno detto che non sono i grandi problemi della vita a generare stress, ma le centinaia di piccoli e irritanti fastidi, che si accumulano fino a distruggere la nostra pace interiore, come è successo a Holly Braschwitz:

> Il mio fidanzato e io stavamo guidando dalla California a Cleveland perché lui si stava trasferendo a vivere con me e mio figlio.
>
> Nel corso della nostra lunga traversata del Paese, realizzammo che i fanali sul rimorchio non funzionavano. Dovevamo accostare, spegnere la macchina e riaccenderla più volte, finché le luci non avessero ripreso a funzionare. Succedeva sempre quando prendevamo una buca, e allora bisognava ripetere il procedimento.
>
> Andammo avanti così per tre ore, finché non mi ricordai di chiedere aiuto agli angeli. "Arcangelo Michele, per favore, veglia su di noi e fai in modo che il rimorchio resti illuminato durante il viaggio" supplicai alla fine. Le luci non si spensero più per il resto della notte.

Il giorno seguente chiesi di nuovo a Michele di tenere le luci accese, e funzionò.
So che l'arcangelo si è preso cura di noi e che ci ha protetti nel nostro lungo viaggio.

Michele protegge noi e gli altri automobilisti: il suo amore evita rischi alla nostra sicurezza. L'arcangelo ci aiuta anche ad alleviare lo stress dei problemi finanziari connessi all'acquisto di un'auto, come ci racconta Jennene:

> La scorsa estate la nostra auto cominciò a darci problemi. Sobbalzava e sbandava in maniera strana e imprevedibile. Mio padre, un meccanico professionista, diceva che c'era un problema con il cambio. Be', eravamo preoccupati, per non dire altro, perché non potevamo permetterci di aggiustarla né di comprarne una nuova. La nostra situazione finanziaria era drammatica e non sapevamo cosa fare.
> Poi mi ricordai di aver sentito dire da Doreen che l'arcangelo Michele si presta per le riparazioni meccaniche. Avevo fede, così lo invocai per chiedergli di aiutarci. L'auto riprese a funzionare quasi all'istante. Ero certa che fosse merito dell'arcangelo Michele. Mio marito volle assicurarsi che tutto fosse a posto, così portò l'auto da due meccanici diversi. In entrambi i casi ci dissero che il cambio era in regola e anche il resto, e lui non poté che convenire con il fatto che l'arcangelo Michele avesse riparato il veicolo. Ora anche mio marito crede agli angeli.

L'intervento di Michele rafforzò la fede nel marito di Jennene e questo è uno dei motivi per cui l'arcangelo ci aiuta in maniera chiara e pratica. La storia di Desiree Heinen ci mostra come l'intervento dell'arcangelo possa guarire anche le ferite spirituali. Dopo aver ricevuto da Michele un'assistenza meccanica immediata, la fede di Desiree nel divino e negli angeli aumentò:

> Una notte di Capodanno, circa alle 3 del mattino, ero in strada a due ore da casa e pensavo a quanto avessi sofferto nell'anno trascorso. Volevo lasciarmi alle spalle certe ferite del passato e liberarmi di alcuni schemi comportamentali. Guidavo, piangevo ed ero furiosa con me stessa, con l'Universo e persino con il Cielo e con l'arcangelo Michele. Mi sentivo abbandonata.
>
> Ero anche stanca delle ripetute seccature alla spia del motore, perpetuamente accesa, nonostante tutti i controlli eseguiti dal meccanico. Ormai avevo imparato a convivere con la lucina ambrata che mi prendeva in giro, ma quella notte la mia rabbia esplose.
>
> Così, la mattina del nuovo anno, abbassai gli occhi sulla luce del motore e mi innervosii ancora di più. Ricordo di essermi messa a urlare a pieni polmoni ciò che avevo dentro: "Michele, se sei così potente, perché non spegni la spia del motore?".
>
> Dopo averlo fatto mi vergognai. Stavo guidando su una strada deserta e solitaria ed ero disgustata

di me stessa. Poi vidi la luna come non l'avevo mai vista prima... da togliere il fiato.
Mi sentii pervadere da un incredibile senso di pace e, quando guardai di nuovo in basso, la spia del motore non brillava più. Non ci potevo credere, così accostai e rimasi seduta a guardarla, convinta che da un momento all'altro si sarebbe riaccesa. E invece no. Presi a singhiozzare e, tra il pianto e il riso, ringraziai Michele. Gli chiesi scusa per le mie parole brusche e gli dissi che era fantastico.
La mia vita da quel momento cambiò. Il nuovo anno fu un periodo di grande crescita e affrontai ogni problema sotto la guida del divino e degli angeli. Con l'aiuto di Michele rivoluzionai il mio approccio negativo alla vita e il mio modo di pensare. Adesso posso dire di camminare davvero con il divino. Ringrazio il Cielo e gli angeli ogni giorno, per tutto. Michele è al mio fianco e lo sarà per sempre.

Le riparazioni elettriche

Il Creatore e gli angeli sono esseri illimitati, per questo possono aiutare tutti simultaneamente. Lo ribadisco perché a molti non è chiaro e c'è chi sostiene che non sia giusto chiedere agli angeli di sbrigare le nostre faccende, dato che hanno cose ben più importanti da fare. Il divino e gli angeli mi rassicurano sempre del loro amore e della loro disponibilità sconfinati. Vogliono che siamo in pace e felici, proprio come ogni genitore amorevole desidera per i figli.

Così, quando chiediamo all'arcangelo Michele di riparare un dispositivo elettronico o un elettrodomestico, la sua azione è parte del piano di pace divino. Ma poi, quante ripercussioni ha su di te (e sulle persone che ti circondano) il nervosismo per un aggeggio che non funziona? Il mondo non sarebbe più sereno se riducessimo o eliminassimo questo tipo di stress? Ecco perché Michele si adopera tanto in quest'ambito: i dispositivi elettronici sono diventati parte integrante delle nostre vite e il loro buon funzionamento ci permette una vita più armoniosa.

Le due storie che seguono mostrano come l'arcangelo ripristinò due dispositivi finiti in acqua. Se hai avuto anche tu un'esperienza del genere, saprai bene che in questi casi non c'è molto da fare. Almeno, finché non invochi l'arcangelo Michele, come è successo a LeAnn Harmon:

> Non avevo molto denaro, così quando il cellulare mi cadde in una bacinella d'acqua, sussultai e subito dissi: "Arcangelo Michele, ti prego, aggiustami il telefono. Non posso permettermi di comprarne uno nuovo. Ti sarei molto grata se ci riuscissi."
> Provai il telefono, ma non si accendeva, quindi chiamai il centro assistenza. Quando chiesi al tecnico se avrebbe funzionato ancora, il ragazzo si limitò a ridere e a propormi un'offerta molto vantaggiosa per acquistarne uno nuovo. Ma avevo bisogno di riavere il mio, per non perdere tutti i numeri salvati.
> Ebbi un'intuizione e la sensazione che avrei dovuto mettere il telefono in carica come faccio di so-

lito la notte. La mattina seguente, quando mi svegliai, il telefono funzionava come sempre. Sono trascorse sei settimane dall'episodio e ancora va alla grande. So che devo ringraziare l'arcangelo Michele per questo, e per tutte le cose che quel giorno sono andate nel verso giusto.

Come accadde a LeAnn, la storia che segue ci mostra come Michele salvò un altro dispositivo dall'acqua. Quando il figlio di Ana Cristina Brazeta si tuffò in piscina con il suo iPod, tutti erano convinti che il lettore ormai fosse irrecuperabile, eccetto Ana, che ebbe la prontezza di chiedere aiuto a Michele. Ecco un altro esempio di come l'arcangelo ci assiste, non per soddisfare i nostri desideri materiali, ma per proteggere le nostre emozioni:

> Mio figlio Pedro, di quindici anni, si era tuffato in piscina con il suo nuovo iPod in tasca. Ovviamente, bagnandosi, il lettore smise di funzionare. Lo schermo si riempì di condensa.
>
> Pedro era triste e preoccupato, e provò a eliminare l'acqua con l'asciugacapelli. Fu però impossibile fare altro, perché non si poteva smontare l'apparecchio.
>
> Ricordai a Pedro che l'arcangelo Michele è un maestro nella riparazione di dispositivi elettronici. Gli raccontai anche una storia, tra quelle pubblicate da Doreen, in cui Michele libera un paio di computer dai virus e li ripara. Gli spiegai quanto fosse potente e della sua disponibilità ad aiutare chiunque gli chieda

> supporto e confidi nella sua risposta. E aggiunsi: "Per Michele, niente è impossibile." Gli consigliai quindi di invocare l'arcangelo perché riparasse il suo iPod. Mentre Pedro andava in camera sua, io, nella mia, chiesi a Michele di aiutarlo e di rispondere alla sua preghiera. Circa un'ora dopo, Pedro, felice e spensierato, scese dalle scale e mi mostrò il suo iPod: funzionava perfettamente, proprio come prima dell'incidente, perché l'umidità era sparita dallo schermo. Come nuovo! Chiesi a Pedro se avesse chiesto aiuto all'arcangelo Michele, e lui annuì. Da quel giorno l'iPod di mio figlio è in perfette condizioni e sono fiduciosa che continuerà a funzionare. Ora Pedro crede nella potenza del reame angelico e non mi guarda più con aria scettica quando parlo degli angeli, come era solito fare prima dell'incidente. Insieme abbiamo ringraziato Michele per il suo intervento divino, e siamo felici di condividere la nostra storia con familiari e amici.

Proprio come Ana, Belinda Morby chiese all'arcangelo Michele di aiutare suo figlio. Nota come l'intervento di Michele rafforzò la fede di Belinda, un effetto sacro dell'assistenza fornita:

> Mio figlio Joe, di dieci anni, era arrabbiato perché sembrava che i suoi apparecchi elettronici preferiti si fossero rotti tutti insieme. Un tasto della televisione in camera non funzionava più e il suo

film preferito si era incastrato nel lettore DVD. Aveva cercato di vederne un altro con il computer, ma anche quello sembrava fuori uso.
Joe era nero per la rabbia, così venne in camera mia e chiese all'arcangelo Michele di aiutarlo a riparare il computer. Funzionò entro il mattino seguente. Incoraggiata da quel successo, chiesi a Michele se avesse potuto riparare anche la televisione. Ammetto di aver avuto qualche dubbio, perché il tasto era proprio rotto. Ma la mia incertezza non scoraggiò l'arcangelo, visto che in qualche modo la tv riprese a funzionare.
Dissi a Michele: "Grazie... grazie infinite!", non solo per aver aggiustato il computer e la tv, ma anche per aver rafforzato la mia fede.

Se hai mai avuto problemi con un computer lento, allora capisci bene la frustrazione di Kathleen Buchana, che traspare nella storia successiva. La donna racconta:

> Il mio computer stava tirando gli ultimi, era lentissimo e si bloccava, così invocai l'arcangelo Michele perché mi aiutasse e gli dissi: "Grazie, grazie, grazie, Michele." Il computer non ha mai smesso di funzionare.

Avendo invocato Michele diverse volte per il mio computer, capisco molto bene la storia di Kathleen e quella di Armida Miranda:

Lavoro da casa e un giorno, quando accesi il computer per controllare le email, lo schermo restò nero. Spensi e riavviai il dispositivo, ma ancora niente. Le provai tutte. Ma il monitor non dava segni di vita. Non sapevo cos'altro fare.
Lasciai un messaggio vocale a un mio amico, genio del computer. Chiamai più volte anche il rivenditore per un supporto tecnico, ma ogni volta venivo messa in attesa e la linea finiva per cadere. Nonostante tutti i miei tentativi, non ottenevo nulla. Mi ero dimenticata però di fare la cosa più importante: chiedere aiuto agli angeli. Alla fine spensi il computer, andai in un'altra stanza e invocai l'arcangelo Michele. Gli chiesi di fare tutto il possibile per ripararlo. Mi sentivo felice mentre pregavo, proprio perché sapevo che Michele sarebbe venuto in mio soccorso.
Al mattino accesi il computer come fosse un giorno qualunque e... indovina? Funzionava! L'arcangelo Michele era proprio lì, a dirmi che bastava solo chiedere. Sono grata per l'aiuto ricevuto.

Michele è a nostra disposizione, a prescindere dal luogo in cui ci troviamo, come ci ricorda la storia di Shanttelle, a cui salvò la vacanza sistemando la sua fotocamera:

Mi restava solo una giornata da trascorrere a Sydney perché sarei dovuta rientrare a casa e al mio lavoro, a Perth. Ero quindi impaziente di fare un

giro turistico, per scattare qualche foto da condividere con la famiglia e gli amici.
Salii a bordo della metropolitana sopraelevata per fare qualche scatto panoramico. Premetti il pulsante di accensione, ma la fotocamera non funzionava. Aspettai e provai di nuovo... niente. Avevo da poco cambiato le batterie e mi sedetti incredula.
Tutto ciò che potevo fare era invocare l'arcangelo Michele e chiedergli di farla funzionare per scattare tutte le foto che volevo. Ritentai e stavolta andava. Feci moltissime foto, soprattutto al bellissimo Chinese Garden. Grazie arcangelo Michele.

Se molti pensano che invocare gli angeli per il funzionamento degli apparecchi elettrici sia frivolo, ogni storia rivela come l'intervento di Michele porti pace e riduca lo stress. La storia successiva, di una studentessa universitaria di nome Asifya Habib, mostra come la riparazione di Michele le salvò il corso:

Sto conseguendo un dottorato in Farmacia all'università con un corso a distanza. Le lezioni sono trasmesse via internet a sette unità scolastiche sparse per la Florida, presso cui gli studenti devono recarsi periodicamente.
Una sera ci furono alcuni problemi tecnici e l'istituto cercò di ripristinare la connessione. Dopo trenta minuti, cominciai a chiedermi se avessi percorso più di un'ora di strada per niente.

> Chiesi allora all'arcangelo Michele: "Ti prego, fai che questa sera non sia sprecata. Per favore, aiuta i tecnici a ristabilire la connessione."
> Nell'arco di cinque minuti eravamo operativi e pronti, e tutte le sedi erano online.

Anche se la storia di Kevin Stewart a qualcuno potrebbe sembrare banale, io la ritengo un bell'esempio di come l'arcangelo si batta per alleviare lo stress quotidiano:

> Una sera mi accingevo a far partire un DVD quando a un tratto s'incastrò, bloccando tutto il sistema. Provai a estrarlo o a premere play, ma si arrestava di nuovo. Più cercavo di avviarlo più le cose peggioravano, e a quel punto ci provò anche la mia compagna. Mi ricordai, infine, che Doreen aveva parlato delle abilità tecnologiche dell'arcangelo Michele, così gli chiesi di riparare il lettore DVD. Lo fece e tutto riprese subito a funzionare, come se non ci fossero mai stati problemi.

Mi piace la storia di Kevin perché mostra che, a prescindere da quanto sia avanzata la tecnologia, gli angeli sono un gradino sopra di noi.

Riparazioni domestiche

Le nostre case sono molto più di un tetto sopra la testa: sono un rifugio dallo stress esterno, almeno finché non ci capita qualcosa di stressante dentro casa, come incidenti idraulici, elettrici e relativi al riscaldamento. È il tipico caso in cui dobbiamo rivolgerci a un esperto, e non c'è nessuno meglio dell'arcangelo Michele.

Per chi ha una mente aperta, può essere divertente immaginare Michele che arriva a casa con il cappello e l'uniforme di servizio, il furgone e gli strumenti celesti. Chiaramente l'arcangelo ci aiuta con le incombenze delle nostre case per amore. La sua prestazione è un regalo per noi. Il suo scopo è la nostra pace, la gioia e la felicità (certo, ringraziarlo è un'ottima idea).

Quando Cory Silvestri e il marito chiesero all'arcangelo Michele di aiutarli con l'impianto idraulico, il risultato fu immediato:

> Stavo ascoltando la registrazione di un seminario di Doreen in radio, in cui parlava dell'abilità dell'arcangelo Michele di riparare computer e sistemi idraulici. Be', mio marito Jimmy stava lavorando da settimane all'impianto del bagno. Accumulava piccole frustrazioni e sentivo che si irritava sempre di più.
>
> Così, chiesi a Michele di assistere Jimmy con l'ultima problematica riscontrata, il lavandino. Dopo trenta minuti, mio maritò annunciò: "È a posto!". Mentre tra di me ridevo, mi congratulavo con lui per l'ottimo lavoro.
>
> Pochi minuti dopo, comunque, mi chiamò esasperato per dirmi: "C'è una perdita all'altro lavandino." Ripensandoci, ero stata molto precisa con Michele nel chiedergli quale lavandino riparare.

Così gli domandai se per favore potesse sistemare anche l'altro.
La bellezza dell'intervento angelico fu nella condivisione dell'esperienza.

Forse, uno dei motivi che ha spinto Michele ad aiutare Cory è stata la volontà di avvicinarla al marito, facendo vivere a entrambi un'esperienza angelica comune. Certo, un intervento simile altera la vita in modo positivo ed è salutare per la coppia, che in questo caso ha trovato il fondamento della propria crescita spirituale nella fiducia nei miracoli.

In un modo simile, Michele aiutò Tracy Griffith a godersi un po' di più la mattinata, ripristinandole la fiamma pilota del gas:

> Viviamo in una casa molto vecchia e per tutto l'inverno la fiamma pilota della caldaia rischia di spegnersi dopo poco. Inoltre quando è accesa fa un gran rumore, così di notte la spegniamo. Riaccenderla ogni mattina è molto frustrante.
> Alla fine capii che era un lavoro per l'arcangelo Michele, così lo invocai ad alta voce: "Ti prego, aiutami con la fiamma pilota del gas e tienila accesa fino a sera."
> Da allora, la fiamma è stabile finché non la spegniamo, e se per caso ho problemi a riaccenderla invoco Michele, *et voilà*!

Anche se la storia successiva, di Kathy, non riguarda tecnicamente problemi domestici, implica l'intervento di Michele per la riparazione di una serratura. Ho deciso di includerla in questo paragrafo perché è un buon promemoria che ci ricorda che l'arcangelo può aiutarci sia in casa sia "a casa lontani da casa":

> Mio marito e io, quell'anno, andammo in vacanza prima del solito. Il volo di ritorno non sarebbe partito fino a sera, così avevamo a disposizione l'intera giornata per crogiolarci al sole. Dopo aver passato alcune ore piacevoli, decidemmo di ritornare nelle nostre camere per prepararci a lasciare l'albergo e prendere la navetta per l'aeroporto.
> Una volta lì, però, le chiavi elettroniche non funzionavano. Provammo più e più volte, ma non riuscivamo a entrare in camera. Quando arrivò l'addetto, ci disse che il problema non erano le carte ma il lettore. Ci assicurò che sarebbe ritornato con gli strumenti necessari.
> Appena se ne andò, un'altra coppia ci disse che la loro serratura si era rotta il giorno prima, e che ci erano volute tre ore per aggiustarla. Ero nervosa e arrabbiata, avevamo solo tre quarti d'ora per fare le valigie, lasciare l'albergo e prendere la navetta.
> Mio marito cercò di capire se fosse possibile entrare da qualche finestra o portafinestra rimasta aperta, ma niente da fare.
> Alla fine, chiusi gli occhi e chiesi all'arcangelo

Michele se per favore potesse aiutarci e aprire la porta. Provai la tessera ancora una volta, ma senza successo. Mio marito uscì di nuovo, chiusi gli occhi, chiesi ancora. Niente. A quel punto provai molte emozioni ed ero triste perché nessuno sembrava ascoltare le mie richieste d'aiuto. Poi con la mente dissi: "Arcangelo Michele, apri questa porta adesso!".

Con perfetta sincronicità, mio marito riuscì a far scendere il chiavistello della portafinestra e a entrare in camera. Si abbassò e si aprì. In cuor mio sapevo che l'arcangelo Michele, ascoltando la mia chiamata, era venuto in nostro soccorso. Per l'intero tragitto verso casa ebbi una magnifica sensazione nel cuore, fiduciosa che gli angeli erano con noi, pronti ad aiutarci.

E poi ci sono quelle volte che…

A volte Michele si rifiuta di riparare auto, computer o altri oggetti. In questi casi, di solito ci sta proteggendo. Prendiamo l'esempio di una donna che cerca di inviare un'email di fuoco a un collega, e proprio allora la connessione internet s'interrompe all'improvviso; o dell'uomo che sta per mettersi al volante ubriaco e scopre che la sua macchina non vuole partire.

Può capitare che l'arcangelo rompa alcuni oggetti di proposito (temporaneamente, certo) per darci il tempo di agire in maniera più consapevole e sicura. In altri casi,

Michele ritarda le riparazioni per proteggerci, come è successo a Claire Jennings:

> Vendo libri alle fiere, ai festival e nei mercati. Una volta mi offrirono uno spazio per il mio stand a un festival del libro. Temevo però che sarei apparsa ridicola a vendere libri nuovi quando tutti commerciavano libri di seconda mano, antichi e rari. Così andai nel panico e decisi che non potevo partecipare, anche se l'invito era arrivato con tempismo perfetto. Scrissi velocemente un'email in cui dicevo che non avrei partecipato al festival, ma proprio in quell'istante il computer si bloccò. Poi riprese a funzionare e continuai a digitare, ma si arrestò di nuovo. Provai una terza volta, con lo stesso risultato. Quella volta non riuscii nemmeno a spegnere il computer.
>
> Cominciai a lagnarmi e a gridare: "Ok, arcangelo Michele, lo farò!". Sapevo che c'era lui dietro al disguido, dato che era stato lui a guidarmi a vendere libri al festival. Così lo invocai: "Per favore, ripristina il computer, ne ho bisogno." Poi lasciai la stanza per calmarmi.
>
> Quando tornai, cinque minuti dopo, il computer era a posto e non c'era bisogno di riavviare né di fare altro. Lì accanto trovai anche una grande piuma soffice che prima non c'era, segno inequivocabile della presenza dell'arcangelo Michele. Il festival fu spettacolare e guadagnai 1.500 dollari con la vendita dei libri.

Tutti i dipinti che raffigurano Michele con una spada in mano e il piede sopra una belva rappresentano la vittoria dell'arcangelo sulla paura. L'arcangelo si fa ancora più raggiante quando viene a illuminare il mondo con l'amore e con la pace, sradicando timori, fobie e negatività, come vedremo nel capitolo successivo.

CAPITOLO 7

MICHELE ELIMINA OGNI PAURA, FOBIA E NEGATIVITÀ

Quando hai paura, l'arcangelo Michele può aiutarti. Dona protezione e sicurezza, instilla fiducia ed elimina le preoccupazioni. Ciò accade perché, come leggerai in questo capitolo, il miglior antidoto per le emozioni negative è di natura spirituale.

È una buona idea invocare l'arcangelo quando sei spaventato. Puoi anche chiedergli di aiutare i tuoi figli o le persone che ami, come ha fatto Maria Beaudoin per il suo bambino:

> Il mio piccolo di dieci mesi è la gioia e il prodigio della mia vita. Non immaginavo che la maternità potesse essere una tale meraviglia. Una mattina mio figlio si svegliò di colpo per un rumore forte che proveniva da fuori e cominciò a piangere. Capii che ne era stato disturbato, perché di solito dorme pacifico e si sveglia tardi.

Chiesi agli angeli di calmarlo e di aiutarlo a riaddormentarsi, ma lui continuava a piangere. Alla fine invocai l'arcangelo Michele (che chiamo "l'arcangelo risolutore") perché gli permettesse di rilassarsi. In meno di due secondi, dopo che ebbi pronunciato le preghiere, mio figlio si calmò e ritornò al suo sonno riposante e sereno. Grazie Michele.

Le paure a volte diventano paralizzanti al punto da influenzare il comportamento degli altri. Non importa di quale paura o fobia si tratti, Michele può portare un vero sollievo, come ci racconta Ruth Vejar Ahlroth:

Mi ero iscritta a un seminario lontano da casa e mi terrorizzava l'idea di guidare da sola per raggiungere la sede. Ho sessantacinque anni, e mio marito e mia figlia hanno sempre guidato per me ogni volta che ho avuto bisogno di percorrere lunghe distanze, che (per me) significa più di 50 chilometri.
Purtroppo quella volta né mio marito né mia figlia potevano accompagnarmi al seminario, così pensai di cancellare l'iscrizione. Quello stesso giorno ero in libreria davanti a un libro di Doreen Virtue, *Arcangeli e Maestri*. Lo aprii al capitolo dedicato all'arcangelo Michele e lessi che potevo invocarlo per allontanare la paura. Pensai: "Be', che cosa ci perdo?".
Il seminario sarebbe stato il giorno seguente. Salii in auto, con il cuore che batteva all'impazzata, ma

partii. Dissi a Michele: “Ok, siamo insieme. Sono terrorizzata. Per favore, vieni e guida con me fino al seminario, toglimi ogni paura.” Sentii la presenza dell'arcangelo durante tutto il tragitto e il viaggio fu sicuro e piacevole. Adesso guido abitualmente e vado praticamente ovunque. Che libertà!

L'arcangelo Michele guarisce le fobie rafforzando la fiducia e il coraggio, fornendo protezione e sicurezza reali. Scaccia preoccupazioni di ogni tipo, come ci racconta Barbara:

> Ho sempre avuto paura del vento. Così, ogni volta che il tempo fuori è particolarmente burrascoso, porto coperte e cuscini al piano inferiore, e dormo sul pavimento, posizionandomi nel punto della casa dove il vento è meno forte. Nelle notti in cui il vento infuria, però, prendere sonno per me è impossibile.
>
> Le cose però cambiarono quando mia cugina, esperta di Angel Therapy, mi parlò dell'arcangelo Michele. M'insegnò come invocarlo per chiedergli protezione.
>
> All'arrivo di una nuova tempesta, chiusi gli occhi e domandai all'arcangelo Michele di placarla, proteggendomi e tenendomi al sicuro dentro casa. Gli chiesi anche di aiutarmi a superare la paura. Lo ringraziai per il suo tempo e per l'aiuto e dedicai alcuni momenti di quiete alla preghiera.

La situazione meteo peggiorò e il vento che infuriava iniziò a spaventarmi. Ma quando andai a letto mi sembrò di entrare in un mondo diverso, in un luogo protetto forse dallo stesso arcangelo Michele, proprio come avevo chiesto. La camera sembrava isolata. Fuori il vento ululava, ma ero in un'oasi di quiete. La sensazione di calma che provai fu così forte che riuscivo solo a piangere e a ringraziare Michele per la protezione che mi offriva quella notte.

Ora non ho più paura del vento come un tempo, ma non do mai la mia sicurezza per scontata. Se le previsioni meteorologiche annunciano tempeste, continuo a chiedere protezione all'arcangelo, ringraziandolo in anticipo.

Chi ha invocato Michele racconta che le paure e le fobie sono svanite all'istante. E come nel caso di Laura Payne, i timori iniziali sono stati soppiantati da meravigliose sensazioni di calma:

Ho un terrore piuttosto irrazionale ma intenso per i ragni. Una notte ebbi un sogno vivido e disturbante in cui un ragno mi inseguiva. Mi svegliai di soprassalto, in preda alla paranoia, convinta che ci fossero ragni in agguato agli angoli della stanza. Mi rivolsi mentalmente all'arcangelo Michele perché mi rimanesse accanto con la sua presenza forte e rassicurante. Lo sentivo mentre mi diceva di non

> preoccuparmi. Vidi inoltre che stendeva sopra di me un mantello blu indaco, come una coperta. Prima di allora, avevo già sperimentato la protezione di Michele, ma ero stupita dall'immediatezza dei suoi effetti. Nell'arco di pochi secondi tutte le mie paure svanirono, rimpiazzate da una confortante pace interiore. Ringraziai l'arcangelo e ricordo di aver visto un sorriso rassicurante sul suo volto, prima di cadere in un sonno profondo e pacifico per il resto della notte.

Anni fa, quando tenevo ancora sedute di psicoterapia, passavo molto tempo ad aiutare persone che avevano la fobia di volare. Se un tempo usavo l'ipnosi, oggi mi affido al potere guaritore del Creatore e degli angeli.

Una donna di nome Vristal Mariel scoprì che l'arcangelo Michele riusciva a calmarla in aereo. Nota come riconobbe l'aiuto di Michele percependo un flusso di calda energia, che ne costituisce la firma:

> Avevo il terrore di volare. Ogni volta che salivo a bordo di un aereo cominciavo a tremare, la bocca mi si seccava e impallidivo in preda all'ansia. Invocavo gli angeli perché mi stessero accanto infondendomi pace e coraggio. Con il loro aiuto riuscivo a restare calma, ma ogni volta che l'aereo sussultava per le turbolenze, tutta la mia compostezza svaniva. Ricominciavo ad avere paura, a rifiutare l'idea di essere aiutata e a pensare che gli angeli dopotutto non

mi fossero accanto. Mi disperavo, mi sentivo sola, e se l'aereo fosse caduto nessuno avrebbe potuto aiutarmi. Orribile!

Ma tutto cambiò grazie all'arcangelo Michele. Accadde su un volo da New York a Santo Domingo, durante una forte turbolenza che costrinse persino il personale di bordo a sedersi: uno di loro scoppiò addirittura in lacrime. Alla fine il pilota annunciò che poteva essere necessario un atterraggio d'emergenza a Cuba.

Mentre mi trovavo lì seduta a contemplare l'idea della morte, invocai l'arcangelo Michele chiedendo protezione. In quel momento la mente si schiarì e compresi che la mia vera paura riguardava la perdita del controllo. Non riguardava solo volare, ce l'avevo anche a casa, al lavoro e nelle relazioni: ero diventata una donna paranoica che non si fidava di nessuno, neanche delle persone del cui amore ero certa. Tutte le mie relazioni avevano sofferto perché temevo di lasciare entrare gli altri nella mia vita.

Mi decisi a porre rimedio al problema: la paura mi aveva controllato per troppo tempo. Ma mi sentivo bloccata e incapace di agire.

Chiesi nuovamente all'arcangelo Michele di aiutarmi a lasciar andare la paura e in pochi secondi mi calmai. L'aereo continuava a sobbalzare, ma stavolta non provai nessun timore. Mi sentii persino sciocca per aver avuto paura all'inizio.

Quando atterrammo, il pilota ammise la propria sorpresa per quell'atterraggio "morbido".
So che l'arcangelo Michele era lì, perché mi sentii circondata di calore. Era stato il suo amore a darmi forza e coraggio, a farmi ridere.
Ancora oggi sono un po' tesa quando volo, ma ho capito che dipende dalle mie memorie di paura. Grazie all'arcangelo Michele, infatti, il terrore che provavo all'inizio è scomparso.
Da allora la mia vita è cambiata, ho un sacco di amici e ho imparato a mantenere i rapporti anche con quelli di vecchia data. Ho trovato un nuovo impiego che diventa sempre più interessante e, paradossalmente, dipende dalla mia capacità di fidarmi del mio responsabile.
Potrei continuare all'infinito a elencare gli aspetti che sono migliorati nella mia vita, e le innumerevoli volte che ho chiesto aiuto all'arcangelo Michele per rimediare a una situazione con risultati miracolosi, ma credo che lo sblocco di tutte le mie paure sia stato in assoluto il risultato più importante.

La paura e l'ansia possono essere tanto opprimenti da portare a conseguenze fisiche come il respiro corto e l'accelerazione cardiaca. Michele può guarire questa condizione, come ricorda Jane Turner:

Sperimentai il mio primo serio attacco di panico cinque anni fa, a casa dei miei genitori, dopo essere rientrata da un pomeriggio di acquisti. Crollai letteralmente a terra, senza riuscire a muovermi. Le mie due figlie piccole erano terrorizzate. Mia madre chiamò subito l'ambulanza, e trascorsi diverse ore in ospedale. Il personale medico mi spiegò nel dettaglio cos'era un attacco di panico e come evitarlo in futuro.

Due settimane dopo stavo guidando verso casa dei miei. Prima di partire, mi ero rivolta mentalmente all'arcangelo Michele chiedendogli di restarmi accanto in quel viaggio di quasi 100 chilometri.

Circa a metà strada, il temuto panico emerse di nuovo. Accesi un po' di musica e cominciai a cantare con tutto il fiato che avevo, ma sentivo il senso di oppressione e il terrore insidiarsi dentro di me. In lacrime, dissi ad alta voce e con tutta la mia forza: "Michele, ti prego aiutami!".

Pochi secondi dopo mi sentii più calma, e presto mi ritrovai a ridere forte: ebbi la visione del potente arcangelo con la spada e lo scudo in mano che, in piedi sul tetto della mia auto, si godeva la corsa, con i capelli che fluttuavano nel vento. Rimase lì per il resto del viaggio, e cantai a lungo insieme a lui e a tutti gli angeli che mi circondavano. Fu come avere l'intera cerchia angelica insieme a me, e mi sentii magnificamente calma e felice.

Per fortuna, per me adesso gli attacchi di panico sono molto rari, ma continuo a chiedere a Michele di accompagnarmi nei lunghi viaggi: so che lui mi è accanto.

L'aspirapaura

Un giorno, mentre stavo pregando, meditando e parlando con l'arcangelo Michele, ebbi la visione di lui che reggeva un apparecchio simile a un aspirapolvere. Posizionò il tubo sopra la mia testa e aspirò le paure tossiche e l'energia negativa che avevo assorbito. Il mio corpo sussultò quando ebbe terminato e subito dopo mi sentii più leggera, libera e felice.

Cominciai allora a chiedere a Michele di "aspirare" le paure dalle persone che trattavo, finché non iniziai io stessa a istruire gli altri sui suoi metodi di pulizia.

Da allora, trovo che l'aspirapaura dell'arcangelo Michele sia uno strumento rapido ed efficace contro le influenze negative e malsane. Questa tecnica funziona molto bene con gli adolescenti, specie per calmare chi ha un comportamento aggressivo.

Glady E. Alicea fu introdotta alla tecnica di aspirazione da un mio studente del corso di Angel Therapy:

> Avevo un sacco di fobie e paure, così mi rivolsi a un esperto di Angel Therapy che mi fece conoscere l'arcangelo Michele. Allora avevo paura di tutto, le mie fobie avevano preso il controllo. Ero spaventata in modo particolare dall'oscurità della notte ed ero ossessionata dal timore che mi accadesse qualcosa di molto grave. Non sapevo da dove venissero queste paure, dato che non avevo avuto esperienze traumatiche pregresse. Temevo anche che, per via delle mie preoccupazioni, potessi attrarre una terribile tragedia.

Di contro, avevo un forte desiderio di guarire il mondo, ma mi sentivo sempre bloccata. L'esperto di Angel Therapy chiese all'arcangelo Michele di aspirarmi, dopodiché mi sentii come una persona nuova.

Questo cambiò il mio modo di sentire e di agire, e persino di vedermi. Pochi giorni dopo la sessione, una cara amica mi disse che c'era qualcosa di diverso in me e mi domandò se avessi perso peso. Doveva aver notato in me un rinnovato senso di pace.

Molte mie paure svanirono. Ogni volta che facevo pensieri d'ansia, chiedevo all'arcangelo Michele di guidarmi, e mi sentivo subito meglio.

Da quando l'arcangelo mi ha liberato da questi blocchi, nella mia vita è entrata molta gioia. Mi sono ricongiunta con amici che avevo perso, e la relazione con il mio fidanzato si è rafforzata ancora di più. È meraviglioso! L'arcangelo Michele è un dono miracoloso dal Cielo. Non vedo l'ora di vivere ciò che il futuro ha in serbo per me, senza paura.

Se stai pensando di aver bisogno dell'assistenza professionale ricevuta da Gladys, la storia di Gillian Leahy mostra come Michele ti può fornire tutto l'aiuto necessario, se ti rivolgi a lui:

Una notte, invocai l'arcangelo Michele perché mi sentivo molto giù a causa di eventi accaduti in passato. Non sapevo più chi fossi e avevo domande a cui nessuno poteva rispondere. Quella notte, stesa nel letto a pensare al mio vissuto, decisi di chiedere aiuto a Michele perché mi aiutasse ad affrontare le mie emozioni.

La camera era al buio, ma all'improvviso sentii la sua "energia": non ci sono altre parole per descriverla. È come un calore che ti abbraccia, mentre il tuo cuore si apre. Con l'immaginazione, vidi l'arcangelo Michele e la sua Legione della Grazia rimuovere l'oscurità che era in me. La visione era chiara, come se li vedessi fisicamente. Gli angeli si avvicinarono, sparirono per un attimo, poi volarono verso l'alto. Ebbi la sensazione di essere colmata di luce.

La mattina seguente mi svegliai piuttosto energica, e parlai a mio marito della guarigione che avevo ricevuto. Al principio lui ci scherzò su, finché non si rese conto di quanto fossi seria.

Quando mi sento giù invoco Michele. Se sento un calore nel mio cuore, so per certo che lui è con me.

Puoi chiedere all'arcangelo Michele anche di aspirare case, uffici e altre persone (soprattutto bambini, come ho detto prima), seguendo l'esempio della storia di Robin Ramos:

La prima volta che scoprii i benefici dell'interazione con l'arcangelo Michele fu quando lessi della tecnica di aspirazione descritta da Doreen. Aspirai le camerette dei miei bambini e poi feci lo stesso

con l'intera casa. Acquistai anche una bellissima placca di ceramica con l'immagine di Michele e l'appesi vicino alle stanze da letto.
Sono diventata molto brava con le visualizzazioni e, quando uso questa tecnica, vedo subito con la mente un'intensa luce blu e mi sento avvolta da una forte energia positiva. Ho invitato Michele a stare con la mia famiglia per sempre, come suggerisce Doreen, e sento la sua presenza ogni volta che penso a lui.
Ho notato che mio figlio Zack dorme meglio e che ha un'energia più pacata quando aspiro la sua stanza, recitando le preghiere di sostegno e di ringraziamento per Michele. L'altro mio figlio, Tyler, è molto sensibile ai rumori che sente in camera sua, al punto da tenerlo sveglio. So che in queste situazioni non è a proprio agio, così invito Michele a stare con noi e nella sua stanza in particolare. I risultati sono immediati e fantastici: Tyler smette di sentire i rumori che gli impediscono di dormire. Sono trascorsi cinque anni dalla prima volta che ho incontrato Michele, e gli sono grata per la sua presenza in ogni momento.
Gli ho chiesto anche di andare a scuola con i miei figli. Di tanto in tanto, quando Zack è più sensibile del solito o infastidito da qualche bullo, invoco l'angelo perché gli stia accanto, e così mio figlio torna a casa meno turbato. Nei giorni in cui mi dimentico di invocare l'arcangelo per lui, noto

una chiara differenza nel comportamento di Zack quando rientra da scuola.

La mia vita è diventata molto più ricca e fortunata grazie a Michele, agli angeli e alle guide celesti. Invocarli è semplice, e non comporta conseguenze. Anzi, ne deriva, semmai, una vita più pacifica, positiva e protetta.

Anche tu puoi ripulire te stesso, i tuoi cari e la tua casa chiedendo all'arcangelo Michele e ai suoi angeli questo servizio. Se lo fai, l'arcangelo aspirerà tutte le energie basse, la paura, le presenze negative o terrene o qualsiasi elemento tossico. Puoi anche chiedergli di aspirare la paura o il male da ogni persona che abbia a che fare con te (nei limiti del tuo libero arbitrio). Basta che glielo chiedi, tutto qui.

Taglia i cordoni della paura

Ho appreso questo metodo osservando l'arcangelo Michele durante le sedute di guarigione. Quando gli chiedo di aiutare le persone a guarire da paure debilitanti, Michele recide con la spada le corde dell'attaccamento che vedo spuntare dai loro corpi e che assomigliano a tubicini di gomma luminosi.

Ho condotto molte sedute con l'aiuto di Michele, ponendogli un sacco di domande, e sono arrivata a comprendere che questi tubicini vuoti trasportano energia tra le persone che si rivolgono a me e gli altri (e a volte anche agli oggetti, se l'attaccamento nasce dalla paura di perdere questi beni).

I tubi trasportano energia tra due persone. Se qualcuno ha un tubo (chiamato "cordone eterico") che lo collega a una persona arrabbiata, l'energia negativa lo attraversa e causa dolore nella zona del corpo cui è connesso.

Di contro, se questi cordoni o tubi sono attaccati a una persona bisognosa d'affetto, l'energia sarà prosciugata all'estremità opposta. L'altro si sentirà esausto, senza sapere perché, con una stanchezza che non reagisce ai più comuni rinvigorenti, come il riposo, la caffeina o l'esercizio.

I cordoni sono sempre negativi? Sì, perché sono originati dalla paura. Ogni volta che una persona vive una relazione con preoccupazioni del tipo: "Spero che non mi lasci", si forma un attaccamento simile a un guinzaglio eterico.

Esistono anche corde d'argento di vita e amore che sono benefiche e impermeabili. Non possono essere recise perché sono costituite di amore eterno.

Non c'è ragione di vergognarsi o di temere i cordoni della paura; sono piuttosto comuni, soprattutto tra le persone sensibili. Come leggerai nelle prossime storie, ogni volta che ti senti stanco o sofferente puoi chiedere all'arcangelo Michele di tagliarli. È semplice come pensare all'arcangelo e dirgli: "Ti prego, recidi ogni mio cordone della paura." Puoi anche chiedergli di inviare amore alle persone con cui hai condiviso un legame tossico.

Una donna di nome Trina, con il dono naturale della chiaroveggenza, aiutò la figlia chiedendo a Michele di liberare la ragazza dalla paura:

> Mia figlia di dodici anni sviluppò un'improvvisa paura di restare da sola di notte, diceva di sentire "qualcosa di strano" dietro di lei. Insisteva perché

il nostro golden retriever dormisse con lei, attaccato alla sua schiena, altrimenti sarebbe rimasta sveglia tutta la notte.
Mentre una sera eravamo insieme in auto, cominciò ad agitarsi sul sedile. Spinse per tutto il tempo la schiena contro lo schienale. Realizzai che non lo faceva apposta e decisi che era meglio dare un'occhiata per vedere che cosa ci fosse.
So come controllare, con il potere della mente, e identificare con la chiaroveggenza i fenomeni di questa natura. Rimasi però scioccata quando vidi un cordone enorme al centro della sua schiena. Invocai l'arcangelo Michele e gli chiesi aiuto per rimuoverlo e creare una protezione che restasse sempre con lei. Percepii rapidamente l'energia dell'angelo e vidi che la corda non c'era più.
Dopo alcuni momenti, mia figlia fu in grado di star seduta, e disse che la schiena era a posto. Le dissi dell'arcangelo Michele e che poteva chiedere il suo aiuto, se le succedeva di nuovo. Grazie all'arcangelo, mia figlia si sente sicura durante la notte, e ovviamente sto meglio anch'io.

Non devi essere un chiaroveggente per beneficiare dell'aiuto di Michele. Anche se non riesci a vedere i cordoni eterici, puoi avvertire effetti di stanchezza, esaurimento o dolore fisico che non hanno alcuna ragione logica, e il conseguente sollievo quando le corde vengono recise, come ci racconta Tina con la sua storia:

Tre settimane dopo la nascita di mio figlio, iniziai a soffrire di depressione post partum. Per il mio compleanno, mio marito mi aveva comprato il libro di Doreen *Guarire con gli angeli*, e avevo appena cominciato a leggerlo. Prima di allora, non avevo mai avuto una vera connessione con queste creature, sapevo solo che erano messaggeri divini. Giunsi alla parte del libro che consigliava di chiedere aiuto all'arcangelo Michele per liberarsi dalle emozioni negative e dalla depressione. Ricordo che sedevo sul divano, pensando che avrei dovuto provarci: avrei fatto qualsiasi cosa per sentirmi meglio. Avevo gli occhi chiusi quando all'improvviso ebbi la visione di un angelo che scendeva dall'alto con in mano una spada, con cui recise le corde attaccate a me. Sul momento mi spaventai, pensavo che stesse tagliando la corda della vita e non avevo idea di cosa fossero i cordoni eterici o l'attaccamento a persone che possono prosciugare le nostre emozioni.
Ma in seguito, quel pomeriggio, mi sentii alleggerita da un gran peso, e posso dire che devo tutto all'arcangelo Michele per avere alleviato la mia depressione. Fu solo quando iniziai a documentarmi sugli angeli che scoprii che Michele ha con sé una spada con cui recide corde e pesi. Per quanto mi riguarda, la guarigione fu immediata e miracolosa. Adesso chiedo all'arcangelo Michele di starmi accanto ogni volta che mi sento vulnerabile e bisognosa di protezione.

Tutti possono invocare Michele e appellarsi a lui per tagliare i cordoni della paura. Basta chiederglielo. Non è importante come lo fai né dove sei, perché lui risponde a ogni richiesta di assistenza:

> Immersa in un bagno caldo, pensavo a come connettermi più in profondità con gli angeli, in particolare con l'arcangelo Michele. Mi sentivo molto rilassata.
> Chiesi a Michele se per favore potesse tagliare ogni legame con dubbi e paure, di cui fossi consapevole o ignara. Dissi: "Arcangelo Michele, ti prego, recidi questi cordoni così che possa provare la magnifica esperienza di vedere gli angeli."
> Nel silenzio, fissavo gli alberi e gli uccelli, immersa nell'acqua e in un sogno a occhi aperti. All'improvviso udii un forte rumore, come un tonfo: il cocomero che avevo messo in tavola era caduto aprendosi, spargendo il suo succo ovunque.
> Capii all'istante che l'arcangelo Michele mi aveva dato un segno sulla sua disponibilità a recidere i cordoni della paura, "tagliando" il cocomero con la sua spada.

Adoro il senso dell'umorismo di Michele nella storia di Barbara. Dal momento che i cordoni sono il risultato della paura in una relazione, possono oscurare il nostro senso dell'umorismo e il buonumore. In effetti, le corde sono rappresentazioni metafisiche di perdono mancato e rabbia trattenuta. Come insegna ogni percorso spirituale e religione, il perdono apre la via della guarigione profonda e della felicità. Ce lo mostra David Welch con la sua storia:

> Stavo pregando per incontrare la mia anima gemella, quando la mia mente cominciò a pensare di perdonare le persone che mi avevano fatto del male, in particolare un amico a cui avevo affittato casa mia mentre ero in missione con la marina militare. Non pagava l'affitto né le bollette, così gli dissi di andarsene e lui per vendicarsi causò dei danni all'appartamento. Non l'avevo perdonato per quel gesto.
> Chiesi all'arcangelo Michele di tagliare le corde che mi legavano al mio amico. Mi sentii subito molto più leggero. La sensazione fisica sulla mia schiena fu pari a un gentile massaggio: so che era l'arcangelo che recideva i cordoni. Guardai dietro la mia spalla destra e lo ringraziai per avermi aiutato a perdonare. Anche se non lo vidi, udii nella testa la sua voce che diceva semplicemente: "Prego, David." È incredibile quanto mi sentii meglio dopo aver perdonato. Ora capisco perché è così importante farlo.

Come ci mostra la storia di David, chiedere a Michele di recidere i cordoni eterici è un modo magnifico di prepararsi a una nuova relazione. È anche un modo benefico per gestirne una che sta per finire, come ci racconta Clarity:

> Stavo vivendo una forte crisi emotiva per la fine di una relazione. Provavo un grande dolore quan-

do pensavo al mio ex. Quando però realizzai che il vero problema era con me stessa, chiesi all'arcangelo Michele: "Ti prego, taglia le corde negative attaccate a me." Chiusi gli occhi e recitai le preghiere con sincerità, perché desideravo davvero allontanare quel dolore profondo.

Quando li riaprii, vidi scintille colorate di luce proprio davanti a me. Non potevo credere ai miei occhi; verificai che non fosse l'insegna del supermercato di fronte, ma era spenta.

All'istante sentii che doveva essere la presenza dell'arcangelo Michele. Ricordo di aver letto in un libro di Doreen che le luci colorate sono le auree degli arcangeli e dei maestri illuminati.

Sono felice di dire che da allora avverto in me un grande senso di pace e che non ho più sofferto di risentimento né dolori sgraditi. Credo e confido nella presenza dell'arcangelo Michele e delle altre creature celesti. Grazie!

Nella storia di Chrissie, Michele risponde alle preghiere di protezione recidendo i cordoni durante i sogni:

Quando il mio figlio più piccolo, Jamie, fu vittima di bullismo a scuola, fece un sogno in cui l'arcangelo Michele veniva da lui con la sua spada. C'era un lungo pezzo di corda con il nome di mio figlio a un'estremità e il nome del bullo all'altra. Michele prese allora la spada e tagliò la corda a metà. Presto, dopo quel sogno, Jamie fu in grado di gestire meglio i soprusi che a un certo punto finirono del tutto.

Sono certa che Michele entra in maniera simile in molti nostri sogni. Forse non li ricordiamo, ma ne avvertiamo gli effetti positivi, proprio come il figlio di Chrissie quando il bullo smise di tormentarlo.

Purifica la casa e l'ufficio dalle negatività

Dal momento che il compito principale di Michele è sradicare la paura dalle persone, dai luoghi e dal mondo, l'arcangelo è formidabile per purificare l'energia di casa e ufficio. Michele allontana gli spiriti rimasti sulla Terra e le negatività, sostituendoli con angeli divini e proteggendo l'area da ogni intrusione.

È una buona idea chiedere all'arcangelo di depurare l'energia degli spazi in cui trascorriamo il nostro tempo. Come leggerai nelle storie successive, la pulizia energetica ha risultati positivi molto profondi. Tutto quello che devi fare è chiedere, come è successo a Kelly Roper che voleva purificare la propria casa dopo aver avvertito all'interno un senso di negatività:

> Mi ero da poco trasferita dal mio compagno, una casa con un'energia molto cupa, soprattutto a causa dei frequenti tentativi di suicidio della sua ex moglie. L'abitazione era anche piena di cianfrusaglie sparse ovunque e tinteggiata con tonalità scure. I miei amici, venuti a farci visita, l'avevano

trovata inospitale e fredda. Chiesi all'arcangelo Michele di purificarla dalle negatività, e seguii la mia guida dipingendo le pareti con colori chiari.
Ora chi visita la casa nota l'atmosfera serena e accogliente. E quando vedo lampi di luce blu, saluto e ringrazio l'arcangelo Michele per il suo aiuto.

Siamo tutti più o meno sensibili all'energia positiva e negativa di una casa e percepiamo l'atmosfera in una stanza. I bambini, in particolare, sono molto sensibili a queste energie, come illustra la storia che ci racconta Sarah Dickson:

> Mia figlia Sophie, di due anni, è estremamente sensibile alle energie invisibili, comprese quelle negative, che di solito la svegliano di notte lasciandola in lacrime e in uno stato di agitazione. All'inizio pensavo che si trattasse di brutti sogni, ma poi, parlandone con lei, capii che a disturbare il suo sonno erano spiriti irrequieti che volevano mettersi in contatto con lei, nonostante volesse riposare.
> Cominciammo così a recitare insieme preghiere della sera e a chiedere all'arcangelo Michele protezione durante la notte. Chiedemmo che le energie di paura e le negatività non entrassero in casa e che Michele fosse con noi, proteggendo il nostro sonno.
> Da allora Sophie passa notti molto più tranquille (e così la sua mamma e il suo papà!). Mia figlia vede gli angeli e prima di appoggiare la testa sul cuscino

e addormentarsi pronuncia il nome di Michele ad alta voce. Lui ci protegge e veglia su di noi.

La prossima storia di Mary K. Gee è singolare per lo scompiglio che le energie negative le hanno creato in casa. Non accade molto di frequente ma, se dovesse capitare, Michele è l'angelo che fa al caso tuo:

> Nella mia ultima abitazione, gli oggetti cominciarono a fare un tale rumore da mettermi a disagio, ma non persi la testa. I miei cani si rannicchiavano a terra e il telefono squillava senza che ci fosse nessuno dall'altra parte della cornetta. Chiamai un'amica sciamana che venne a farmi visita per vedere di cosa si trattasse.
> Mi disse che mia figlia aveva portato queste energie basse da scuola. Una volta entrate, si erano staccate da lei per prendere possesso della casa.
> Mi consigliò d'invocare l'arcangelo Michele per esorcizzarle. Recitai in un mantra il nome dell'angelo e gli chiesi di assistermi durante la purificazione. All'inizio cercai di aiutarlo visualizzando per prima l'evento. Ma era una battaglia troppo difficile, così alla fine lo lasciai fare e in pochissimo tempo sentii che le energie negative stavano abbandonando la casa. Ora, se ho paura, invoco sempre Michele, e grazie a lui non sono più legata da nessun cordone eterico.

Proprio come Mary, una terapeuta angelica di nome Sophia Fairchild si ritrovò ad avere un bisogno immediato ed estremo dell'arcangelo Michele per scacciare da casa energie negative e presenze:

> Molti anni fa comprai una casa fatiscente su un promontorio affacciato sull'oceano. Era davvero ridotta male, ma era l'unico posto che al tempo potevo permettermi. Avevo il sospetto che ci fosse qualcosa di molto strano, dato che, nonostante la posizione magnifica e il prezzo basso, nessun altro aveva mostrato interesse nel comprarla.
> Ora, se mi guardo indietro, vedo che il motivo era lampante. Alla prima e unica apertura della casa, i pochi potenziali acquirenti non si avventurarono oltre l'ingresso. Molti di loro corsero addirittura via. L'agente immobiliare aveva cura di rimanere in disparte, facendo docilmente notare la vista sull'oceano, scusandosi perché l'abitazione era rimasta vuota per qualche tempo.
> Avevo avvertito anch'io l'atmosfera fredda e umida che la casa emanava, ma mi avventurai all'interno con prudenza. Cercai di non trasalire davanti all'impianto idraulico d'epoca, ai buchi sui muri scarabocchiati, alle cianfrusaglie vecchie di decenni, fino alle travi del tetro garage e agli oggetti abbandonati in tutta fretta, sparsi come coriandoli. Eppure, quella deliziosa vista sull'oceano e gli sprazzi di quello che un tempo doveva

essere stato un magnifico giardino, mi convinsero che forse potevo fare un'opera d'arte di quel relitto di casa. D'altro canto, era tutto quello che mi potevo permettere.

All'asta ero l'unica offerente, oltre a un uomo che sospettavo fosse un tirapiedi, messo lì da qualcuno per gonfiare deliberatamente il prezzo. Per fortuna ne smascherai il bluff. Ero entusiasta perché mi ero aggiudicata la casa per una somma addirittura inferiore alle mie aspettative. Mi sembrava un miracolo possedere finalmente un posto tutto mio! Mio figlio, però, non era altrettanto contento.

Poco dopo il trasloco, i miei vicini impauriti cominciarono a raccontarmi strane storie sui precedenti inquilini. Una donna anziana, che era sopravvissuta ai campi di concentramento nazisti, aveva vissuto lì sola per molti anni, prima di morire nella mia camera. Era un'anima tormentata, prendeva autobus senza una meta precisa, attraversava la città ogni giorno, apparentemente per sfuggire da qualcuno o qualcosa che continuava a perseguitarla. Era triste pensare che, con tutto quello che aveva passato, avesse tanta paura anche nella sua stessa casa.

La proprietà fu poi lasciata cadere in rovina, negli anni in cui fu abitata da inquilini negligenti e da un proprietario assente che l'acquistò solo per la terra. Gli ultimi a occuparla erano stati alcuni occultisti che dovevano essersela spassata con il corteo di fantasmi che ogni notte attraversavano quei muri pieni di spifferi, finché non l'avevano abbandonata in tutta fretta. Persino i miei gatti sapevano che era stregata, ma ancora continuavo a ignorare quel dettaglio.

Mi affidai all'aiuto di un noto esperto di fengh shui per cominciare a ripulirla dall'energia malsana. L'uomo asperse le pareti e individuò un paio di linee temporali che si intersecavano sotto l'abitazione. Martellammo le tubature in rame attraverso il terreno, sperando di placarne l'energia negativa, e spostammo i mobili nella camera da letto di mio figlio. Dopo aver fatto il possibile, l'esperto mi lasciò con il consiglio di fare un esorcismo. Cosa? Un esorcismo? E chi mai avrei potuto chiamare? Non sapeva come aiutarmi. Difficile trovare un contatto sulle pagine gialle.

Proprio allora, cominciai con fermezza a dire a me stessa che dovevo prendere in mano la situazione. Continuava a venirmi in mente l'immagine di una cattedrale con le vetrate colorate. A quel tempo, quella era la mia unica associazione con il termine esorcismo. Con nient'altro in mano per procedere, decisi di cercare tra gli scaffali polverosi dei rivenditori di libri antichi qualsiasi cosa potessi trovare sugli esorcismi medioevali.

Fu in una di queste librerie che scorsi un'illustrazione dell'arcangelo Michele raffigurato sulla luminosa vetrata di una chiesa inglese. Il libro rilegato in oro riportava alcune preghiere per chiedere

aiuto all'angelo in caso di "presenze demoniache". Mi accorsi che stavo trattenendo il fiato da parecchio tempo e che cominciavo a sudare. Era la descrizione più vicina a quello che stavo cercando su come esorcizzare una casa stregata.
Il libro diceva: "Michele è il principe degli eserciti celesti. I fedeli lo invocano per tutti i pericoli dell'anima e del corpo, e per implorarne l'intercessione nell'ora della morte, perché le loro anime siano accompagnate dinnanzi al trono del Creatore."
Mentre memorizzavo queste parole, non potevo più negare la gravità dell'infestazione, e capii quanto fossimo vulnerabili. Era una cosa molto più grande di me, ma adesso sapevo che Michele mi avrebbe lanciato un'ancora di salvezza. Cominciai a riprendere fiato, tra le lacrime.
Quella notte mio figlio era via per un pigiama party. Andai a letto e chiusi gli occhi. Era arrivato il momento. La stanza era gelata e l'intera casa irrequieta e tesa come sempre. Incerta sul da farsi, recitai semplicemente una preghiera per l'arcangelo Michele, appellandomi al suo aiuto. Apparve nella mia mente all'improvviso, alto e fiero. Avvertii il suo calore riempire la stanza e subito mi sentii confortata dalla sua presenza.
Lo pregai di aiutarmi a sbarazzarmi dei fantasmi e delle presenze. Appena li nominai, vidi, come in un film, innumerevoli spettri raggrupparsi nell'oscurità davanti ai miei occhi.

L'arcangelo Michele era di fronte a me, mi proteggeva con le sue ali favolose e la sua immensa aurea di luce bianca incandescente. Le anime radunate al suo cospetto sembravano essersi calmate alla sua presenza. Notai poi che le accompagnava verso destra, dove una piccola apertura di luce si faceva sempre più intensa.
Fu come assistere al sorgere del sole che veniva a scaldarci. La luce, bianca e dorata, brillava al punto che sembrava invitare gli spiriti a entrare nell'apertura. Tutto ciò che potei fare fu guardare come Michele li guidasse uno per uno a camminare verso la sorgente luminosa.
Mentre la fila di anime oscure attraversava la porta di luce, altre presenze si accodavano, sempre più numerose. La processione sembrò continuare per parecchio tempo e, sebbene mi sentissi crollare dal sonno, cercai di restare sveglia, per vedere cosa sarebbe accaduto in seguito.
L'arcangelo doveva essersi accorto della mia stanchezza. Ordinò alle anime che non erano ancora passate di andarsene, per il momento, e di lasciarmi in pace. A quest'ordine, semplicemente sparirono. Da quel che sembrava, Michele aveva aperto un portale per quelle anime perse che dovevano abbandonare un luogo a cui non appartenevano più. E tutto questo si risolse senza alcuna lotta, nel modo più pacifico e compassionevole.
L'energia nella casa presto si calmò, e l'arcangelo

ritornò molte volte per accompagnare le anime verso la luce.

Con il tempo Michele non ebbe più bisogno di farci visita con tanta regolarità, e l'atmosfera in casa iniziò a rasserenarsi.

In seguito, una persona del posto mi disse che il terreno vicino al promontorio un tempo doveva essere stato un luogo di sepoltura, e che la mia casa era solo a qualche isolato da un cimitero risalente ai primi coloni. Ecco forse perché Michele dovette richiamare un così grande numero di anime, comprese quelle morte secoli prima, per portarle nella luce.

Trascorremmo lì alcuni anni davvero felici. Molto più avanti, dopo aver ripristinato i bellissimi giardini e rinnovato la proprietà con grande cura, vendetti l'immobile a un prezzo record. Grazie all'opera purificatrice di Michele, adesso nel vicinato si sentono bambini giocare gioiosi.

L'arcangelo Michele è esperto nel proteggerci, nell'allontanare le paure ed eliminare ciò che le provoca. Fa tutto il necessario per infonderci un senso di sicurezza e di pace, collaborando anche con l'arcangelo Raffaele, nel caso sia necessaria una vera e propria guarigione, come scopriremo nel capitolo successivo.

CAPITOLO 8

GLI ARCANGELI MICHELE E RAFFAELE

I metodi di guarigione dell'arcangelo Michele, come anticipato nel Capitolo 7, sono potenti ed efficaci. In effetti, molte persone riportano un sollievo immediato dal dolore e dalla paura quando chiedono il suo aiuto. Se di solito non pensiamo a Michele come all'angelo "guaritore", il suo operato ha indubbiamente questo risultato, come ci mostra la storia di Sandee Belen:

> Quando ero più giovane e facevo la ballerina, avevo sempre problemi al piede destro. Capitava che i muscoli s'irrigidissero fino a bloccarsi, provocandomi un gran dolore. Una notte raggiunsi il limite con una fitta lancinante, così invocai l'arcangelo Michele perché alleviasse qualunque causa metafisica a cui mi tenevo aggrappata e che riversava effetti spiacevoli in quell'area del corpo. Il dolore cessò immediatamente.

Ho visto persone guarire da sofferenze croniche all'istante in seguito all'intervento di Michele. Buona parte dei dolori della colonna vertebrale e della muscolatura sono infatti dovuti ai cordoni di paura e di energia negativa. Quando Michele rimuove le cause, il dolore se ne va.

Comunque, la maggior parte delle volte, quando le persone vogliono una guarigione fisica, invocano le creature celesti associate alla salute, come Gesù, alcuni santi o deità o l'arcangelo Raffaele. Il nome Raffaele significa "colui che guarisce" o "guarigione divina" ed è noto anche come il protettore dei viaggiatori.

Guarisci con gli arcangeli

Gli arcangeli Michele e Raffaele lavorano così bene insieme che la loro relazione assomiglia a una grande amicizia. Entrambi completano i doni dell'altro e insieme offrono un'invincibile combinazione di potenti abilità guaritrici.

Sento sempre tante storie sulle miracolose guarigioni di Michele e Raffaele, come la bellissima testimonianza di Beverly M. Czikowsky:

> A mio nipote di quattordici anni era stato diagnosticato un aneurisma aortico e un disturbo di coagulazione del sangue, che rende ogni operazione chirurgica estremamente complicata e rischiosa. Quando dovette sottoporsi a un intervento, pregammo insieme per lui. Il mio coraggioso nipote entrò in sala operatoria addirittura cantando.
>
> La lunga operazione fu un successo, ma il giorno

seguente le sue condizioni peggiorarono. Il corpo cominciò a riempirsi di fluidi, gli organi vitali a collassare e il respiro a diventare più debole. Il dottore disse che aveva fatto tutto il possibile e che non restava che pregare. Per me pregare non è mai l'ultima risorsa, è la prassi.

Ci prendemmo per mano come una famiglia e formammo un cerchio attorno al letto di mio nipote. Invocammo gli arcangeli Michele e Raffaele, anche se avvertimmo la presenza di molti altri angeli amorevoli. Avevamo una richiesta specifica: "Per favore, liberate il suo corpo da questi fluidi, guaritelo e sostituiteli con la vostra luce bianca di guarigione." Che la stanza fosse piena d'amore era reale, tangibile. Gli occhi di tutti si riempirono di lacrime, compresi quelli delle infermiere.

La mattina seguente, i medici erano senza parole. Nella notte, mio nipote aveva perso moltissimi fluidi. I medici non erano in grado di fornire una spiegazione. Dissero che era stato un miracolo.

Fu un miracolo? Forse, ma io credo che fu amore, puro e semplice. Il divino e gli angeli sono onnipresenti.

Oggi mio nipote ha sedici anni, suona la chitarra ed è uno sportivo, e io sono una zia molto fiera.

Non importa quali siano i problemi di salute, invocare Raffaele e Michele infonde una grande calma nel paziente, nella stanza d'ospedale e in altri aspetti che contribuiscono alla guarigione. La storia successiva, della mia amica Ariel Wolfe, mostra come la presenza di Michele e Raffaele possa persino essere misurata da una strumentazione medica sensibile:

> Di recente ho dovuto sottopormi a una serie di risonanze magnetiche per problemi di salute. Chiedo sempre a Michele e a Raffaele di accompagnarmi così, mentre ero distesa completamente immobile nel macchinario, mi lasciavo cullare dall'energia dei due angeli cui avevo confidato che ero pronta a stare bene. Vidi Michele e Raffaele cominciare a danzarmi attorno e subito la voce dell'infermiera mi giunse attraverso un altoparlante interno: "Stiamo registrando alcuni movimenti! Si ricordi di restare immobile."
> "Giuro, non ho mosso un muscolo" le dissi, felice di sapere che il movimento degli angeli era stato rilevato dal macchinario.

Amo la storia di Ariel per l'umorismo degli angeli e per i modi ingegnosi che escogitarono per farle sapere che erano accanto a lei.

Sebbene Raffaele sia l'angelo di riferimento per le guarigioni, in circostanze difficili può essere d'aiuto coinvolgere anche Michele. Per allontanare la paura è straordinario, il che è sempre salutare. In questo senso la storia miracolosa di Susan Chorney è un bellissimo esempio di come entrambi gli angeli lavorino insieme:

> Un'estate i miei tre figliastri furono coinvolti in un incidente d'auto con la loro madre. Nicole, di tredi-

ci anni, andò in coma e riportò diversi traumi cranici, una mascella rotta e un polmone collassato. Sulla strada verso l'aeroporto, da dove sarebbe partito il trasferimento verso l'ospedale pediatrico, sapevo di aver bisogno di aiuto per superare quel tragico calvario, così presi il libro di Doreen *Arcangeli e Maestri*, cercando conforto, nella speranza che Nicole sarebbe sopravvissuta.

I medici ci dissero che probabilmente non avrebbe superato la notte. Più e più volte la circondai di luce bianca, invitando gli arcangeli Raffaele e Michele a salvarle il cervello e il polmone, pregandoli ripetutamente di assisterla.

Nicole aveva una sonda nel cervello per misurarne il gonfiore, e più alto era il valore registrato più era probabile che non sarebbe sopravvissuta. Ma, il Cielo mi è testimone, quando cominciai a pregare per lei e a invitare Raffaele e Michele a guarirla, il gonfiore diminuì. Questo barlume di speranza trattenne mio marito dalla disperazione. Mi volle lì, accanto alla figlia.

Nicole è sopravvissuta e ora fa le superiori. I dottori dicono che la sua guarigione fu incredibile. Mio marito si rese conto del grande contributo degli angeli e da allora parla ogni giorno con loro, chiedendo aiuto se ha bisogno.

Raffaele guida i guaritori nell'aiutare le persone. Assiste anche gli studenti di medicina olistica a individuare e scegliere la specializzazione, oltre a offrire una guida e un sostegno negli studi. Nella storia che segue, vedrai come Raffaele e Michele siano di aiuto ai guaritori in situazioni snervanti. Dopotutto, guarire gli altri significa assumersi una grande responsabilità e ogni volta richiede una capacità notevole di saper gestire la pressione, come ci racconta un'infermiera di nome Susan:

> Non immaginavo che sulla via di ritorno verso casa, a New York, dopo che avevo seguito un corso di Angel Therapy, avrei avuto l'opportunità di usare le mie capacità in una situazione di vita o di morte.
> Dopo diciassette anni di lavoro come infermiera specializzata nella sanità privata, a valutare test clinici e a fare rapporti sulle reazioni avverse, continuavo a provare l'assillante desiderio di lavorare di nuovo a contatto con le persone.
> Durante il volo di ritorno, annunciarono agli altoparlanti che cercavano un medico o un infermiere. Dopo che mi qualificai, un'assistente di volo mi chiese di seguirla in fondo all'aereo per visitare una donna che si sentiva male. Mentre percorrevamo velocemente il corridoio, dentro di me speravo che ci fosse a bordo un medico.
> Gli altri passeggeri esaminavano i nostri volti per interpretare cosa stesse succedendo. Ero spaventata e mi chiedevo se sarei stata in grado di aiutare quella donna in difficoltà dopo tanto tempo che non esercitavo. Mi ricomposi. La donna era seduta

con la maschera dell'ossigeno e accanto a lei c'era il marito. Senza strumentazione, mi affidai al puro istinto e all'aiuto degli angeli e del Creatore.
Invocai subito il soccorso d'emergenza dal Cielo. Pregai molto e più volte per ricevere l'assistenza degli arcangeli Michele e Raffaele, perché mi aiutassero a tenere la donna cosciente finché non fossimo atterrati. "Per favore, non lasciatela svenire" implorai.
La donna iniziò a rabbrividire e malgrado le coperte era scossa da forti tremori. Non riuscivo a pensare a un modo per riscaldarla quando improvvisamente ebbi un'intuizione ispirata dagli angeli: andai a prendere i sandwich caldi della colazione (pronti per essere distribuiti ai passeggeri) e li appoggiai sulle spalle della donna. Incredibilmente funzionò. Riuscì anche a bere un po' di tè caldo e, lentamente, il colore tornò sul suo viso e il tremore svanì.
Quando scesi dall'aereo, sentii che il divino mi aveva messo faccia a faccia con le persone. Dopotutto, avevo pregato per questo. E con il supporto angelico fu un intervento di grande successo. Grazie Michele e Raffaele. Non ce l'avrei proprio fatta senza di voi.

Leggendo la storia di Susan, puoi immaginare quanta pressione sentì, dal momento che era l'unica figura sanitaria a bordo. Per fortuna Michele infonde sicurezza e coraggio dove Raffaele dà assistenza specifica. Senza dubbio sono la combinazione vincente per intervenire in qualsiasi situazione difficile.

Raffaele e Michele in soccorso

Gli arcangeli aiutano le persone in molte situazioni, oltre a collaborare nelle guarigioni. Come descritto nel Capitolo 6, Michele è bravissimo nelle riparazioni elettriche e meccaniche. Be', nella storia che segue, Deanne Millett ricevette un piccolo aiuto da Raffaele durante un intervento di riparazione:

> La nostra auto era continuamente in officina per problemi di funzionamento, finché il meccanico non ci disse che dovevamo sostituire il cambio. Non potevamo permetterci quella spesa, così pregai e chiesi a Michele e a Raffaele di aggiustarci la macchina.
> Nella mia immaginazione vidi entrambi gli angeli chini sul motore a sostituire pezzi. Avevano entrambi le maniche tirate su e le ali ripiegate dietro. Il giorno seguente il meccanico mi disse che il cambio era a posto e che erano necessari solo piccoli aggiustamenti. Grazie Michele e Raffaele.

Il compito principale di Raffaele è guarire il corpo e supportare i guaritori professionisti; in questo caso, però, il suo intervento eliminò anche i timori di Deanne legati alla situazione finanziaria. Entrambi gli angeli sono guaritori compassionevoli delle emozioni, perché Raffaele considera la riduzione dello stress la migliore medicina preventiva, come una studentessa universitaria, Julie Schwaiger, scoprì:

> Ho due lavori e sono studentessa universitaria. I miei impegni sono estenuanti, ma devo mante-

nere il passo per qualche altro anno, così cerco di preservarmi.

Eppure, una volta in cui ero particolarmente stanca e sul punto di ammalarmi, stavo camminando dall'auto all'aula, quando mi accorsi che non ce la facevo. Ero sul punto di mollare. Ero davvero esausta; in più, con quell'insegnante in particolare era difficile andare d'accordo e mi sentivo vulnerabile. Allora chiesi agli arcangeli Michele e Raffaele di aiutarmi a entrare in aula e di proteggermi dal professore. Non appena lo feci, sentii due presenze camminare insieme a me e sollevarmi in modo che i miei piedi sfiorassero terra. Sentii anche due braccia attorno alle mie spalle, una da ogni lato, come per confortarmi e reggermi.

Fui ispirata da quella esperienza tanto da trovare il coraggio di entrare in classe. E sai cosa? L'insegnante mi lasciò in pace e non se la prese con nessuno quel giorno. Da quel momento, prego ogni giorno per avere la protezione degli arcangeli.

Gli arcangeli sono sensibili alle richieste d'aiuto, anche quando domandiamo loro di assistere un'altra persona, come vedremo nel capitolo successivo.

CAPITOLO 9

INVOCA MICHELE PER CONTO DI UN ALTRO

Michele non può violare il libero arbitrio di una persona. Devi quindi chiedere la sua assistenza per permettergli di intervenire. L'unica eccezione è quando un individuo rischia la vita prima del tempo e, anche in quel caso, molti devono affidarsi a lui (secondo la loro spontanea volontà) per ottenere aiuto.

Viene quindi spesso da chiedersi: *È lecito domandare all'arcangelo Michele di aiutare gli altri o è una violazione del loro libero arbitrio?*

La risposta è duplice:

- quando invochi gli angeli per conto di un'altra persona, la loro presenza è guaritrice e calmante, anche se non intervengono direttamente nella vita dell'altro;
- agli angeli è permesso intervenire in qualsiasi situazione nella misura in cui questa ti riguarda.

Come esempio del secondo punto, diciamo che sei preoccupato e fisicamente danneggiato dal vizio del fumo del tuo consorte. Quando chiedi aiuto in una circostanza del genere, gli angeli hanno il permesso di intervenire per ciò che ti riguarda, per tenerti lontano dal fumo e rafforzare la tua pace interiore. Se non possono costringere il tuo compagno o la tua compagna a smettere di fumare, la loro presenza può calmarlo per ridurre o eliminare il desiderio di fumare.

È una buona intuizione chiedere all'arcangelo Michele di vegliare sui nostri cari, come ci illustra la storia di Debbie Allen:

> Per quasi un anno, mio marito ha guidato un camion da dieci tonnellate per guadagnarsi da vivere. Ogni mattina, quando andava a lavorare, chiedevo all'arcangelo Michele di circondarlo di luce e di salvaguardarlo, di proteggerlo e di consigliarlo per tutto il giorno. Chiedevo anche che il suo camion fosse circondato di luce divina e di angeli, tenendo il carico al sicuro e che gli altri automobilisti lasciassero al camion una buona distanza di sicurezza in strada.
>
> So che l'arcangelo Michele ha protetto mio marito perché è scampato a tre incidenti gravi.

Dato che Michele è tanto esperto nel riparare automobili, non sorprende che le preghiere per questo tipo di intervento trovino subito risposta, anche se per conto di un'altra persona, come è capitato a Rebecca Guthrie:

Una mia amica mi chiamò preoccupata perché si era dovuta fermare in un'area di sosta e quando aveva deciso di ripartire, la sua auto non aveva voluto saperne. Si stava facendo tardi e lei era agitata all'idea di rimanere lì fino a mezzanotte ad aspettare in strada l'arrivo del carroattrezzi.
La mia amica sapeva che avevo una forte connessione con gli angeli, così mi contattò perché la aiutassero. Le chiesi se avesse invocato l'arcangelo Michele per avviare la macchina. Sì, disse lei, ma non aveva funzionato.
Mi rivolsi subito all'arcangelo Michele per riparare l'auto e lo visualizzai chino sul motore a lavorarci. Quando capii che aveva terminato, dissi alla mia amica di riprovare, ma ancora non voleva accendersi. Sapevo che dubitava della capacità degli angeli di riparare una vettura, e la sua mancanza di fede stava intralciando l'operazione.
Le chiesi di aprirsi, di abbandonare i propri dubbi e credere negli angeli. Si calmò per circa un minuto, e si arrese al divino. Quando mi disse di essere pronta, le chiesi di azionare il motore. Stavolta funzionò subito. Ne fu assolutamente sbalordita, e per me questo fu un bellissimo promemoria che con la fede ogni cosa è possibile.
Michele assistette molte volte anche me e il mio compagno con i problemi meccanici e il computer, mostrandomi le istruzioni passo dopo passo attraverso immagini mentali.

Come mostra la storia di Rebecca, la disponibilità di Michele rinsaldò la fede dell'amica: a mio avviso, è proprio questo il motivo principale per cui l'arcangelo ha effettuato la riparazione. Nota come Rebecca fece la propria parte seguendo la guida che la raggiunse attraverso immagini mentali. Altre persone potrebbero ricevere il contributo dell'arcangelo tramite una sensazione intuitiva, ispirazioni o idee.

La storia che segue, di una donna di nome Li Ann, mostra come l'assistenza di Michele sfidi il comune senso logico:

> Ero entrata in contatto con gli angeli da poco e mi stavo focalizzando sull'arcangelo Michele, perché il suo nome mi era familiare e pensavo che dirigesse tutti gli angeli. Un'amica, che sapeva della mia connessione angelica, mi chiamò per chiedermi di pregare per suo conto, perché il pomeriggio prima aveva smarrito la chiave dell'auto. Fu guidata all'interno del suo veicolo, a programmare il codice corretto in una chiave di sostituzione vuota. Dissi: "Prego l'arcangelo Michele e gli angeli che sono con i miei amici perché il loro viaggio sia sicuro e che l'auto parta all'istante."
>
> La mia amica disse che non aveva mai programmato prima una chiave di sostituzione e che era pronta a seguire le istruzioni. Poco più tardi mi chiamò per chiedermi se avessi invocato l'arcangelo Michele. Quando le dissi di sì, mi chiese di spiegarle la natura esatta della mia preghiera. Lo feci, domandandole perché volesse saperlo.

Mi rispose: "Non crederai a cosa è successo qui. Stavo studiando le istruzioni del codice da un'ora. Quando siamo arrivati all'auto, ho aperto la portiera, ho inserito la chiave nel quadro – una chiave di sostituzione vuota – e l'auto è ripartita all'istante senza che facessi niente."

Dopo questa esperienza, sono certa che continuerò a lavorare con Michele e con gli altri angeli.

L'arcangelo Michele ha molti talenti, come abbiamo visto finora, compresa la capacità di proteggere, aggiustare e guarire. Mentre gli altri arcangeli hanno ognuno la propria specialità, possiamo dire con certezza e grande rispetto che Michele è un "angelo multitasking", da invocare in ogni circostanza.

Di solito ci rivolgiamo a sant'Antonio o all'arcangelo Chamuel perché ritrovino oggetti smarriti ma, come illustrano le storie del capitolo, Michele è ferrato anche in questo ambito.

Se stai cercando un oggetto smarrito, la storia che segue potrebbe essere un buon esempio di ciò che accade quando chiediamo aiuto a Michele. Susan Gunton scoprì che l'arcangelo riusciva a trovare oggetti, anche se invocato per conto di un'altra persona:

Lavoro con un uomo che è piuttosto scettico sugli angeli. Un giorno stava cercando disperatamente alcune ricevute per richiedere un rimborso all'azienda, così gli proposi un paio di volte di rivolgersi agli angeli: "Se non sai chi chiamare per un problema specifico, invoca sempre l'arcangelo Michele perché lui aiuta in tutto." Be', con mia sorpresa, mi chiamò per dirmi che aveva chiesto a Michele di aiutarlo a trovare le ricevute. Una volta a casa le aveva ritrovate immediatamente, in un posto dove non avrebbe mai pensato di cercare. Era davvero entusiasta.

Quando tornò in ufficio, raccontò l'accaduto persino al nostro supervisore e ora chiede all'arcangelo Michele di aiutarlo in ogni occasione.

Anche mia madre collabora con l'arcangelo Michele per trovare gli oggetti smarriti. Per fare un esempio, aveva cercato i guanti per un paio di settimane. Le suggerii di chiedere a Michele di aiutarla. Appena lo fece, le venne in mente di prendere una scatola di caffè di riserva dalla credenza, un posto dove per nessun motivo avrebbe mai pensato di trovare i guanti. Guarda caso, erano lì proprio vicino al caffè.

Invocare l'arcangelo Michele per conto di qualcuno è un gesto d'amore, senza effetti negativi. E poi, chissà? Un'altra persona potrebbe renderti il favore, un giorno, come capitò ad Anne Davey:

Di recente, diedi a una cara amica una carta oracolare dell'arcangelo Michele per ricordarle che questa creatura potente si prende cura di noi.

Più o meno nello stesso periodo, cominciai a preoccuparmi per la mia situazione finanziaria. Il mio lavoro come guaritrice non mi permetteva di guadagnare molto. Ero triste all'idea di tornare a un lavoro normale, dato che amavo quello che facevo. Un giorno, quando ero sul punto di mollare, la stessa amica mi disse di aver chiesto all'arcangelo Michele di aiutarmi nella mia situazione lavorativa. Nell'arco della settimana, nello studio in cui lavoravo era stata creata una posizione totalmente nuova chiamata "coordinatrice del benessere". La descrizione del ruolo sembrava fatta apposta per me. Feci domanda e fui assunta. Grazie arcangelo Michele!

Anne trovò il lavoro perfetto per lei con l'aiuto di Michele. Nel capitolo successivo vedremo in quali altre situazioni l'arcangelo ci può aiutare.

CAPITOLO 10

MICHELE CI AIUTA NEL LAVORO E A CHIARIRE I NOSTRI OBIETTIVI

Chi sta compiendo un percorso spirituale e lavora con gli angeli tende a essere sensibile e preferisce la compagnia di persone gentili, che amano impegnare il proprio tempo in attività significative e piacevoli. Tende anche a cercare lavoro in ambito spirituale, per offrire al mondo il proprio contributo realizzando qualcosa di importante, come aiutare e guarire le persone, l'ambiente, gli animali o impegnandosi in altre cause.

È giusto rivolgersi all'arcangelo Michele per ogni aspetto relativo alla carriera e alle prospettive di vita. Ha accesso alle tue memorie Akashiche (o "Libro della vita"), che rivelano il piano della tua anima in questa vita. Se hai dimenticato qual è il tuo scopo o hai dei dubbi sul percorso che stai seguendo, Michele può aiutarti.

Ti consiglio di recarti in un luogo di pace, con un bloc-notes e una penna e fare una sessione di domande e risposte con Michele. Prima di tutto, chiedigli di "dettarti" il suo messaggio attraverso la scrittura automatica e assicurati che l'unica voce in arrivo sia quella divina. Poi, fai una domanda sulla tua carriera e registra qualsiasi impressione, pensiero, idea, visione o parola che emerge.

Se pensi che possano essere frutto della tua immaginazione, poni la domanda all'arcangelo scrivendo: "Come faccio a sapere che stai davvero parlando con me?". Saprai dalla sua risposta che i messaggi sono reali.

Puoi anche chiedergli di inviarti segni che ti guidino sul giusto percorso professionale e di aiutarti finanziariamente se cambi lavoro.

Michele è di sostegno in particolare a chi ha lasciato un lavoro sicuro ma frustrante per mettersi in proprio o seguire il suo sogno, come ci racconta Claire Jennings:

> Ho sempre sognato di aprire un negozio esoterico, ma come mamma single di due bambini piccoli avevo bisogno di un'entrata fissa. Così chiesi all'arcangelo Michele di guidarmi, e ricevetti il chiaro messaggio di cominciare con un negozio virtuale su eBay e di portare successivamente la mia bancarella ai mercatini nel fine settimana.
> Be', potevo accettare con facilità l'indicazione di eBay, ma quella dei mercatini non aveva molto senso per me. Continuavo a pensare: "Prima devo creare un catalogo di prodotti, poi sarò pronta per una bancarella." Ovviamente Michele aveva ragione: i miei dubbi provenivano dall'ego.

> Continuavo a opporre resistenza all'istruzione di aprire una bancarella, mettendo in discussione il suo suggerimento. Alla fine sentii la sua voce chiara come il sole dire: "Tirali fuori!". Ci impiegai un minuto per capire che intendeva dirmi di esporre i miei prodotti su un tavolo. Una volta fatto, capii di avere articoli più che sufficienti per una bancarella.
>
> Quella notte, l'arcangelo Michele mi visitò in sogno, e lo vidi versare una cornucopia gigante di monete sulla mia testa. Cominciai a vendere al mercato... e fu davvero divertente, soddisfacente e prospero. Da quando ho avviato la mia bancarella, anche le mie vendite su eBay sono aumentate vertiginosamente.
>
> Michele continua a incoraggiarmi ogni volta che esito con un'idea che mi salta in mente, perché quando ascolto l'ispirazione divina ricevo sempre una ricompensa.

La storia di Claire ci mostra come l'arcangelo dispensi indicazioni di carriera affidabili, che si traducono in ricompense emotive e finanziarie. È normale opporre resistenza o sentirsi intimiditi quando l'arcangelo ci incoraggia a muoverci nella direzione dei nostri sogni. L'ego umano dice: "Non sono qualificato" o "Non merito la felicità", quando la porta delle opportunità è aperta. Per fortuna, l'arcangelo Michele l'attraversa insieme a te, offrendoti supporto e fiducia, come ha sperimentato una donna di nome Maree:

Per quasi sei anni ho lavorato in un laboratorio, trattando campioni di terreno per una multinazionale mineraria. Era un lavoro che non rispettava l'ambiente, per cui diventavo sempre più infelice e frustrata. Non ero più io.
Un giorno ero così sopraffatta dalla fatica e dallo stress che dentro di me gridai: "Angeli, aiutatemi! Voglio lasciare questo lavoro." Non avevo mai implorato così disperatamente nessuno in vita mia. Le settimane passarono e continuai a chiedere: "Michele, ti prego, dimmi quando è ora di lasciare questo lavoro. Dimmi quando sarò pronta dal punto di vista finanziario."
Un giorno le mie preghiere furono esaudite e fui inondata da una calma intensa e pacifica. La sensazione nasceva dal cuore e all'improvviso vidi Michele davanti ai miei occhi. Tutto ciò che disse fu: "È ora." Non sapevo se ridere o piangere.
Due giorni dopo rassegnai le dimissioni e la sensazione di calma e di pace non mi lasciò per diversi giorni. Nel profondo sapevo che era la cosa migliore da fare, e non avevo dubbi che quella certezza provenisse dalla guida dell'arcangelo Michele.
Ciò accadde tredici mesi fa, e non solo ho ritrovato me stessa, ma ho anche scoperto le mie abilità spirituali. Come se non bastasse, ho finalmente trovato la mia strada. Tutto ciò che posso dire è che l'arcangelo Michele è il mio migliore amico.

La guida di Michele si estende anche alle attività lavorative quotidiane. Una donna di nome Helen imparò in prima persona come Michele sia in grado di indicarci il momento migliore per fare una telefonata di lavoro:

> Io e la mia manager lavoriamo in un piccolo ufficio in Canada. Gran parte delle nostre mansioni consiste nel contattare le comunità isolate del Nord. A causa delle dure condizioni climatiche, le linee telefoniche e i servizi di queste comunità spesso sono scarsi e rappresentano una sfida per noi che dobbiamo rispettare le scadenze.
>
> Di recente, però, avevo cominciato a invocare l'arcangelo Michele per assicurarmi che le comunità ricevessero le informazioni. Funzionò così bene che la collega notò che era cambiato qualcosa, visto che apparentemente avevamo meno problemi di comunicazione. Quando le rivelai che chiedevo aiuto all'arcangelo Michele, sembrò aperta alla cosa e mi disse che secondo lei era stata una grande idea.
>
> Una settimana dopo avevamo una scadenza urgente, un documento doveva essere firmato entro tre giorni da alcuni membri delle cinquanta comunità. Chiedendo aiuto all'arcangelo Michele, le cose andarono lisce e a passo sostenuto.
>
> A un giorno dalla scadenza ci mancava una comunità. La mia manager cercò di contattare la persona di cui serviva la firma sul contratto, ma non ci fu alcuna risposta.

A quel punto pensò all'arcangelo Michele, chiese il suo aiuto e cominciò a richiamare. Stavolta riuscì a mettersi in contatto con la persona interessata, le carte furono firmate prima della scadenza e tutto funzionò alla perfezione.

Spesso passiamo più tempo con i colleghi che con la famiglia e gli amici, ed è quindi rassicurante sapere che Michele ci aiuta a guarire e ad armonizzare i nostri rapporti professionali, come notò una donna di nome Lisa Toplis:

> Avevo da poco cominciato un part time in un ufficio condiviso con un ragazzo che mi metteva molto a disagio. Avevo preso in consegna parte del lavoro che gli spettava ma che non riusciva a incastrare tra i vari impegni. Non appena cominciai a occuparmi delle sue mansioni, provai un senso di rabbia e di risentimento nei suoi confronti. Ogni volta che cercavo di terminare un compito, lui assumeva toni paternalistici, con commenti arroganti.
>
> Non volevo covare risentimento verso quel ragazzo, ma era difficile restare indifferenti. Lavoravamo insieme in uno spazio tanto ristretto che non avevo idea di come sfuggire alla situazione. Quando, all'inizio della terza settimana, realizzai che il problema si sarebbe protratto, chiesi in silenzio all'arcangelo Michele di aiutarmi. Dissi mentalmente: "Caro Michele, apprezzo il tuo aiuto in questa si-

tuazione, ma sono troppo vicina a questo ragazzo e non posso ignorarlo. Non voglio sentirmi così al lavoro, né verso di lui né con me stessa."
La settimana seguente, quando ritornai in ufficio, accadde un miracolo. Il supervisore si avvicinò alla mia scrivania e mi disse: "Lisa, sembri annaspare in questo spazio così ristretto, dammi tempo per trovare un'altra soluzione." Qualche ora dopo fui spostata nell'ufficio del direttore vendite, comodamente e per conto mio (il direttore vendite era fuori sede e veniva in ufficio solo in rare occasioni). Potevo telefonare e lavorare in pace.
Ero grata all'arcangelo Michele, mi aveva salvata da quella situazione difficile e spiacevole, in fretta e con un risultato migliore di quello sperato.

Se stai sognando di lasciare il lavoro attuale per perseguire qualcosa di più soddisfacente, allora ti sentirai ispirato dalle storie che seguono, in cui due persone sono aiutate a intraprendere una nuova carriera. Leggendo l'esperienza di Annelies Hoornik, ricordati che l'arcangelo Michele può fornire un aiuto simile anche a te:

Lavoravo come programmatrice informatica ed ero molto stressata, dal momento che la compagnia presso cui ero impiegata aveva licenziato molti dipendenti, e in quel momento svolgevo il lavoro di nove persone. Avevo sentito che la meditazione aiuta a gestire lo stress, così decisi di provarci.

Dopo tre settimane di meditazione quotidiana, ebbi un'esperienza profonda. Mi sentii sollevare dal divano e spostarmi nell'area circostante, colma di luce bianca. Vidi tre scalini che conducevano a una veranda. Lì in piedi, un uomo dall'aria amichevole cominciò a camminare intorno a me. Notai che aveva un abbigliamento molto informale, e che il suo viso era in ombra per il bagliore della luce.
Disse che voleva mostrarmi qualcosa, quindi allungò le mani verso di me. Le presi, mi sembrava affidabile e gentile. Quando si voltò per guidarmi, vidi enormi ali bianche spuntare dalla sua schiena. La cosa mi spaventò perché da bambina avevo imparato che gli angeli vengono a prenderti quando muori. Così m'imposi di essere viva e tornai al mio divano, e questo è ciò che accadde in quell'istante. Sapevo di aver incontrato l'arcangelo Michele. Così, il giorno dopo, mi sedetti a meditare per vedere se Michele sarebbe venuto di nuovo. Non sapevo cosa aspettarmi, dato che non avevo nessuna esperienza con gli angeli. Mi limitai a sedermi, meditare e inviare il messaggio che se avesse voluto mostrarmi il motivo per cui era venuto il giorno prima ero decisa a scoprirlo.
Ci volle mezzo secondo per tornare da Michele, circondata di nuovo dalla sua luce bianca. Mi mostrò un luogo speciale per meditare e per trovare la pace della mente. Nei giorni e nelle settimane che seguirono, trascorsi molto tempo in quello

spazio bianco ed ebbi una grande rivelazione. Mi presentò il mio angelo custode, due angeli guaritori e altri arcangeli, e poi mi mostrò chiaramente che dovevo smettere di lavorare nel settore informatico per cominciare a praticare medicina olistica a tempo pieno. Mi disse che l'avrei fatto prima di maggio. Ogni visione che l'arcangelo condivise si dimostrò vera. La mia vita è molto più felice sotto la guida costante dell'arcangelo Michele. È così soddisfacente aiutare a guarire le persone, e non potrei immaginare di fare altro.

Assistendo Annelies con la sua carriera, l'arcangelo Michele ha aiutato anche tutte le persone che in seguito hanno beneficiato delle sue guarigioni. La felicità di Annelies è una delle ragioni principali che porta Michele ad aiutarci nel nostro percorso lavorativo per trovare la strada giusta, perché lo scopo divino della vita è sempre significativo e piacevole.

Michele mi ha insegnato che ognuno ha talenti e doni unici che possono essere usati al servizio del mondo. Quando lavori in un ambito che incontra i tuoi interessi, il lavoro è gioioso e di successo. Le credenze secondo cui devi soffrire per guadagnare sono superate. Stiamo entrando in una nuova fase del percorso spirituale collettivo in cui ognuno sarà impiegato in una carriera in sintonia con il proprio talento naturale, con le proprie passioni e con i propri obiettivi. E l'arcangelo Michele supervisiona questo cambiamento positivo e benefico.

Una terapista angelica di nome Valerie Camozzi è la prova vivente che, quando si parla di una guida per la propria carriera, l'arcangelo Michele è senza dubbio il miglior life coach:

> Per venticinque anni ho lavorato come infermiera specializzata presso una struttura di terapia intensiva neonatale e pediatrica. Adoro occuparmi dei bambini e delle loro famiglie, e assistere a un parto era il momento più bello del mio lavoro. Pur amando molto la professione, però, la mia carriera da infermiera stava diventando meno soddisfacente. Sentivo un vuoto.
>
> In fondo al mio cuore volevo insegnare agli altri a usare le proprie abilità intuitive per connettersi con gli angeli e ascoltarli. Mi sentivo sempre meno in sintonia con il mio lavoro in ospedale. Prima di addormentarmi, una notte, chiesi aiuto all'arcangelo Michele. Gli dissi che amavo lavorare con le famiglie e con i bambini, ma che non ero più felice in quella professione.
>
> La mattina seguente, mi sentii come se avessi dormito per una settimana. Non ricordavo alcun sogno. Appena mi alzai, provai un senso profondo di pace, ero energica e felice. Uscii per una passeggiata e, quando tornai, udii una voce nella mia testa che mi diceva di andare al computer. Mi sedetti e digitai la mia lettera di dimissioni all'ospedale. Inserii la data, la firmai e la imbucai. Ancora

oggi non ricordo cosa scrissi. La mia responsabile disse che la lettera la toccò profondamente e che, sebbene fosse triste perché mi licenziavo, avevo la sua comprensione e i suoi migliori auguri.
Penso che fu l'arcangelo Michele, quel giorno, a dettarmi la lettera di dimissioni. Sento che mi ha dato il coraggio di lasciare un lavoro che avevo svolto per anni. Ora tengo corsi a tempo pieno sugli angeli, sullo sviluppo intuitivo, sulla meditazione e sulla guarigione energetica. Continuo anche ad assistere alle nascite, ma come guida al parto e alla nascita per i genitori.

EPILOGO

Il Creatore desidera per noi vite pacifiche, significative e felici, proprio come ogni genitore sogna per i propri figli. Gli angeli sono un dono del Cielo per guidarci e proteggerci lungo la strada. Come vogliamo che i nostri doni siano apprezzati dai destinatari, allo stesso modo il divino desidera allietarci con il dono degli angeli.

Se credi anche tu che il Creatore sia amore al 100 per cento, converrai che è impossibile che la sua natura sia qualcosa di diverso dall'amore. L'esistenza umana, però, sembra vivere una quotidianità che è molto lontana da questo sentimento. Gli angeli sono il ponte tra la verità dell'amore totale del Cielo e l'esperienza umana della tragedia e del dolore. Possono vedere sia la verità spirituale sia le illusioni dell'ego, così portano nei sogni umani la luce pura, l'amore e la saggezza celeste.

In quanto supervisore degli angeli, Michele è il rappresentante sulla Terra di tutta la potenza che partecipa del divino. Ci dimostra che, con la fede, tutto è possibile. Ci aiuta a vivere sulla Terra nella parola del Creatore, nella purezza e nella divinità.

Michele è l'incarnazione dell'empatia, dal momento che assiste ognuno di noi con tutto ciò di cui abbiamo bisogno. Per lui tutte le persone sono degne e meritevoli. Dice di sì a ogni fonte di sicurezza e pace.

Michele è saggezza in azione. Le sue soluzioni sono miracolose; la sua guida, gli interventi e le guarigioni sono ingegnose. Per ogni crisi ha la soluzione perfetta, creata in una frazione di secondo. Ecco perché non devi preoccuparti di *come* l'arcangelo ti aiuterà o di consegnargli un copione da seguire. Chiedigli solo di aiutarti e poi lascia fare a lui.

Michele è un saldo promemoria della presenza divina sulla Terra. A volte potresti sentirti solo o abbandonato, tutto ciò che devi fare è pensare al nome dell'arcangelo, e lui ti sarà a fianco. Respira, senti il calore della sua presenza e nota le idee e le visioni che ti arrivano dalla sua guida.

Michele ti dà supporto, coraggio e fiducia. Se stai pensando a un cambio di vita, allora domandagli di starti accanto lungo il percorso. Sosterrà il tuo potere decisionale e ti permetterà di intraprendere cambiamenti benefici: ti guiderà verso nuove opportunità e ti guarirà dalle ferite delle esperienze passate.

Puoi domandare all'arcangelo di vivere con te, se lo desideri. Dato che è del tutto libero, illimitato e onnipresente, può essere con chiunque ne richieda la presenza.

Invitalo nei tuoi sogni, visto che di notte la mente è molto più calma e aperta agli angeli di quanto non accada di giorno, tra mille impegni. Prima di addormentarti, chiedi a Michele di guidarti o specifica quale guarigione desideri. Quando ti sveglierai, potresti non ricordare quanto è emerso durante la notte, ma saprai che tutto volgerà al meglio.

Che tu preferisca chiedere al Creatore di inviare Michele al tuo fianco o scelga invece di parlare direttamente con l'arcangelo, sappi che domandare il suo aiuto è un primo passo per portare la pace sulla Terra, una persona alla volta... a partire da te.

Ricordati che il Creatore e l'arcangelo Michele ti amano in maniera incondizionata. Vedono il tuo splendore divino, i tuoi talenti, la tua bontà e la tua luce radiosa. Per loro sei un angelo della Terra, e sono felici di sostenerti mentre compi la tua missione angelica. Goditi il percorso. La gioia alleggerisce il tuo cuore e quello di chi ti circonda.

Con amore,
Dooren

L'AUTRICE

Doreen Virtue è scrittrice, life coach e intuitiva. Ha conseguito importanti qualifiche americane in counseling psicologico: BA, MA e PhD.

È universalmente considerata la principale esperta di Angeli ed è in costante comunicazione intuitiva con il regno angelico. Partecipa regolarmente ai principali show televisivi e radiofonici in tutto il mondo, ed è sempre in contatto con i suoi fan italiani tramite il sito ufficiale www.DoreenVirtue.it